LITERATURHINWEISE ZUR LINGUISTIK

BAND 8

T0145645

Herausgegeben im Auftrag des
Instituts für Deutsche Sprache
von Elke Donalies

Ruth M. Mell
Steffen Pappert

1968 – Sprache und kommunikative Praktiken

Universitätsverlag
WINTER
Heidelberg

Bibliografische Information der Deutschen Nationalbibliothek

Die Deutsche Nationalbibliothek verzeichnet diese Publikation
in der Deutschen Nationalbibliografie;
detaillierte bibliografische Daten sind im Internet
über *http://dnb.d-nb.de* abrufbar.

ISBN 978-3-8253-6947-7

Dieses Werk einschließlich aller seiner Teile ist urheberrechtlich geschützt. Jede Verwertung
außerhalb der engen Grenzen des Urheberrechtsgesetzes ist ohne Zustimmung des Verlages
unzulässig und strafbar. Das gilt insbesondere für Vervielfältigungen, Übersetzungen,
Mikroverfilmungen und die Einspeicherung und Verarbeitung in elektronischen Systemen.

© 2018 Universitätsverlag Winter GmbH Heidelberg
Imprimé en Allemagne · Printed in Germany
Druck: Memminger MedienCentrum, 87700 Memmingen

Gedruckt auf umweltfreundlichem, chlorfrei gebleichtem
und alterungsbeständigem Papier

Den Verlag erreichen Sie im Internet unter:
www.winter-verlag.de

Inhaltsverzeichnis

A.	**Einleitender Teil**	7
1.	**Über ,1968' sprechen**	9
	1.1 Was ist ,1968'? – Über einen umstrittenen, flüchtigen, diffusen Gegenstand der Sprach- und Kommunikationsgeschichte	9
	1.2 Wer sind die ,68er'? – Partizipation, Revolution und Protest	12
2.	**Zur Sprache der ,68er' und ihrer Erforschung**	17
	2.1 Politjargon und politischer Wortschatz	18
	2.2 Textsorten und Medien der Partizipation	19
	2.3 Sprachkritische und sprachkulturelle Reflexion	21
3.	**Aufbau und zentrale Themen der Bibliografie**	23
4.	**Allgemeine Hinweise zur Benutzung dieser Bibliografie**	25
B.	**Bibliografischer Teil**	33
1.	**Quellen, biografische Notizen, Erinnerungen**	34
2.	**Theoretischer Zugriff**	43
	2.1 Pragmatischer und sprachgebrauchsorientierter Zugriff	43
	2.2 (Diskurs-)Lexikografie, Semantik, Sprachgeschichte	44
	2.3 Medien-, kommunikationswissenschaftlicher und kulturwissenschaftlicher Zugriff / Literaturwissenschaftlicher Zugriff	48
	2.4 Politologischer, soziologischer und politolinguistischer Zugriff	54
	2.5 Soziologisch-erziehungswissenschaftlicher Zugriff	57
	2.6 Historiografischer Zugriff	58
	2.7 Studien zur Erinnerungskultur	63
3.	**Akteure, Praktiken und Themen der Protestbewegung**	66
	3.1 Akteure des Protests	66
	3.2 (kommunikative) Praktiken des Protests	68
	3.3 Themen des Protests: Antiautoritarismus und Gesellschaft	72
	3.4 Themen des Protests: Gewalt, NS-Vergangenheit, Terror und die RAF	75
4.	**,1968' als globale Bewegung**	77
5.	**Die Protestbewegung und die Medien**	80

A. EINLEITENDER TEIL

1.   Über ‚1968' sprechen

1.1   Was ist ‚1968'? – Über einen umstrittenen, flüchtigen, diffusen Gegenstand der Sprach- und Kommunikationsgeschichte

„Über ‚1968' kann man nicht schreiben", konstatiert Joachim Scharloth in seiner Kommunikationsgeschichte zu ‚1968'. Ein Grund hierfür liegt gewiss darin, dass die Zahl 1968 in der kollektiven Erinnerung nicht auf das Kalenderjahr, sondern auf einen Zeitabschnitt bezogen wird, der etwa Mitte der 1960er Jahre beginnt und bis in die frühen 70er Jahre andauert, was an anderer Stelle – ausgedehnt auf die Zeit von 1959 bis 1973 – als „die langen 1960er Jahre" (vgl. etwa Kämper/Scharloth/Wengeler 2012: 8) bezeichnet worden ist. In diesem Sinne hat es, so Scharloth weiter, also ‚1968' nie gegeben. Davon zeugt nicht zuletzt die Verwendung von Anführungszeichen, mit denen die Bezeichnung ‚1968' häufig in wissenschaftlichen Kontexten versehen wird. Was im kollektiven Gedächtnis unter ‚1968' verstanden wird, ist, so schlussfolgert Scharloth (2011: 13), „nicht mehr als eine nachträgliche Stilisierung disparater Ereignisse zu einem Zusammenhang, der mehr ideologisch motiviert ist, als dass er den historischen Tatsachen entspräche". Die Disparität der Ereignisse zu erkennen, diese zu bewerten und damit den umstrittenen und diffusen Gegenstand ‚1968' zu decodieren, muss damit ein Anliegen der linguistischen und kommunikationsgeschichtlichen Forschung sein.

Daniel Cohn-Bendit, in den 60er Jahren aktives Mitglied des SDS und der APO, und der Verleger sowie Autor Rüdiger Dammann formulieren eben jene Unbestimmtheit des Gegenstands ‚1968', benennen darüber hinaus aber dennoch das Jahr als das „eigentliche Gründungsjahr der ‚alten' Republik".

> „‚Achtundsechzig' – wer diese Zahl ausspricht, benennt nicht einfach ein bestimmtes Jahr, sondern meint damit ein ganzes Bündel von zum Teil sehr unterschiedlichen Geschehnissen, die im Zusammenwirken die politische Nachkriegsordnung aufgelöst haben. Auch die deutsche Gesellschaft wurde entscheidend verändert. Einige meinen sogar, dass 1968 das eigentliche Gründungsjahr der ‚alten' Bundesrepublik gewesen sei – so wie 1989 später zum Gründungsjahr des ‚neuen' Deutschland erkoren wurde." (Cohn-Bendit/Dammann 2007: 16)

Die Ereignisse dieser Zeit waren einerseits geprägt von aufgeklärten und liberalen Ideen, andererseits aber auch von den Handlungen einzelner Protagonisten, die im vollkommenen Gegensatz zu diesen Ideen standen (vgl. Kämper/Scharloth/Wengeler 2012: 1). Dies rechtfertigt das „hohe Assoziationspotential" des Namens ‚1968' ebenso wie die unterschiedlichen Werturteile, die sich im Laufe der letzten Jahrzehnte teils granular teils massiv geändert haben. ‚1968' ist und bleibt vorerst der Name eines umstrittenen Erinnerungsortes, „dessen Bedeutung noch immer im kommunikativen Gedächtnis, aber auch im wissenschaftlichen Diskurs verhandelt wird" (Kämper/Scharloth/Wengeler 2012: 1).

Mit der Chiffre ‚1968' verbinden sich daher, je nach Perspektive, unterschiedliche, zum Teil widersprüchliche Werturteile (vgl. Kämper/Scharloth/Wengeler 2012: 3–4). An ihr „scheiden sich immer noch die Geister", schreibt Wolfgang Kraushaar zum 40. Jahrestag in seinem Buch mit dem Titel „1968" (Kraushaar 2008: 42). Und ein Jahrzehnt später stellt Heribert Prantl fest, dass, unabhängig von der Auffassung und des eigenen Urteils, in jedem Deutschen ein ‚68er' stecke. Deutschland selbst erklärt er zu einem „verachtundsechzigte[n] Staat", in dem das Erbe von 1968 in der einen oder anderen Form in jedem Bürger und jeder Bürgerin schlummere:

> „In fast jedem Deutschen steckt ein 68er, auch in denen, die nicht halb so alt sind. Bei den einen ist es so, dass sie, oft ohne es zu wissen, vom 68er-Erbe zehren; bei den anderen ist es so, dass sie enttäuschte Hoffnungen und ungelöste Lebensprobleme auf das Wirken der 68er zurückführen. Kurz: Die Bundesrepublik ist ein verachtundsechzigter Staat." (Prantl 2018: o. S.)

Der Kulturkampf um den Stellenwert des Jahres 1968 dauert bis heute an (vgl. Kraushaar 2008: 42). Dies liegt nicht zuletzt an der Unsicherheit und an dem als ambivalent empfundenen Ereigniszusammenhang, mit dem das kollektive Gedächtnis die Geschehnisse von ‚1968' rezipiert. So sind die Topoi des Redens ebenso zahlreich wie ambig. Meist ist von Siegern und Verlierern die Rede, von ‚Erfolgsstories' oder der katastrophalen politischen Niederlage. Narrative zu ‚1968', egal ob über die Befreiung, vom linken Terror oder andere Geschichten, alle werten ‚1968' im Hinblick „auf ihre Bedeutung für die politische Kultur, ihren Einfluss auf die sozialen Werte" (Kämper/Scharloth/Wengeler 2012: 3).

So spaltet das Kürzel ‚68', das für beide Seiten des politischen Lagers zu einer Projektionsleinwand geworden ist, nach wie vor die Gesellschaft:

„Von der einen Seite wird [‚68'] [...] als Grundübel aller gesell-schaftlichen Fehlentwicklungen verdammt, von der anderen wird es zum nachträglichen Gründungsakt der Bundesrepublik hoch-stilisiert." (Kraushaar 2008: 42)

Für Vertreterinnen und Vertreter des konservativen politischen La-gers sind diejenigen, die als ‚die Achtundsechziger' bezeichnet wer-den, für nahezu alle grundlegenden Probleme der Gegenwart, wie „die Bildungsmisere, die Arbeitslosigkeit, die mangelnde Wettbewerbs-fähigkeit der deutschen Wirtschaft, den Rechtsradikalismus, den Ter-rorismus, den Verfall der Moral und der bürgerlichen Werte insge-samt" (Kraushaar 2008: 43), verantwortlich zu machen. Hingegen steht ‚1968' für Linke und Linksliberale für den „Aufbruch zu neuen gesellschaftlichen Ufern" (Kraushaar 2008: 42) und den Beginn ei-ner einzigartigen Reformära in der Bundesrepublik Deutschland, der Ära des sozialdemokratischen Kanzlers Willy Brandt (vgl. Kraushaar 2008: 43).

Unabhängig von jener Polarisierung hat ‚68', so Wolfgang Kraushaar, Chronist der 68-Bewegung, einen Kursverfall erlebt. So hätten vie-le ihre zunächst positive Wertung von ‚68' zugunsten einer Entwer-tung der häufig als Rebellion verstandenen 68er-Bewegung verwor-fen. Und Götz Aly, einem einstigen Aktivisten und jetzigen Historiker mit Schwerpunkt der Erforschung des Nationalsozialismus, folgend, stellt Kraushaar fest, dass je größer der zeitliche Abstand werde, umso distanzierter auch die Betrachtung der Ereignisse ausfalle (vgl. Kraus-haar ebd.). So existieren heute drei zentrale Deutungsmuster, mit de-nen die 68er-Bewegung diskreditiert bzw. in Frage gestellt wird.

Zum Ersten wird von konservativer Seite die These vertreten, die von den ‚68ern' geübte Fundamentalkritik an Institutionen, Staat und Fa-milie sei ein gefährlicher Irrweg gewesen, der nun die Gesellschaft in ihrem Zusammenhalt bedrohe. Daher gelte es, ein „staatsorientiertes Selbstverständnis der Institutionen sowie ein traditionales Familien-bild" auf Basis christlicher Werte wiederherzustellen und zu festigen (Kraushaar ebd.).

Zu „unfreiwillige[n] Katalysatoren einer umfassenden Modernisie-rung" in einer Zeit eines ohnehin abwendbaren Strukturwandels werden die ‚68er' etwa bei sozialdemokratischen Zeithistorikerinnen und Zeithistorikern, welche die Akteurinnen und Akteure der Bewe-gung somit zweitens herabstufen und ihnen und ihren Aktionen jed-wede Intention absprechen (vgl. Kraushaar 2008: 43–44).

Drittens sind es die ehemals wichtigsten Akteurinnen und Akteure selbst, die nun behaupten, ihnen sei es in Wahrheit um eine gegen die USA und die Sowjetunion gerichtete nationale Revolution gegangen. Hierzu passe auch, dass der unangefochtene Wortführer und ‚primus inter pares' Rudi Dutschke überzeugter Nationalist gewesen sei (vgl. Kraushaar 2008: 43). So habe er u. a. das Ziel verfolgt, aus West-Berlin einen „Transmissionsriemen für die deutsche Wiedervereinigung" zu machen (Dutschke 1967: 4).

Es ist das Sprechen über ‚68', seine Deutungsmuster und seine Narrative, an deren Polen in der öffentlichen Diskussion, aber auch in der Geschichts- und in der Sprachwissenschaft das „Demokratisierungsnarrativ" und das „Extremismusnarrativ" lokalisiert werden (Scharloth 2011: 15). Während ersteres ‚1968' und seine Auswirkungen als

> „Erfolgsgeschichte erzählt, mit der ein grundlegender Modernisierungs- und Demokratisierungsschub eingeleitet worden sei [...], schreibt das Extremismusnarrativ den 68ern zu, nicht nur für den Linksterrorismus der RAF, sondern auch für einen allgemeinen Werteverfall in der Gesellschaft verantwortlich zu sein." (Wengeler 2017: 1036)

Die disparaten Deutungsmuster bzw. Narrative erhellen die Notwendigkeit einer analytischen und kritischen Beschäftigung mit dem Gegenstand ‚1968'. Dies gilt in ebensolchem Maße für seine Akteure.

1.2 Wer sind die ‚68er'? – Partizipation, Revolution und Protest

Unsicherheiten gibt es nicht nur in der Vielzahl der gegenständlichen Phänomene, mit denen ‚1968' im kollektiven Gedächtnis identifiziert wird (vgl. Scharloth 2011: 13), sondern auch bei der Benennung und Bewertung seiner Akteurinnen und Akteure. Abhängig vom politischen Standpunkt werden die so genannten ‚68er' „für einen Werteverfall, der in der antiautoritären Erziehung und der Verunglimpfung von Fleiß, Disziplin und Ordnung als Sekundärtugenden seine Wurzeln hat" (Kämper/Scharloth/Wengeler 2012: 3), verantwortlich gemacht. Aus einer solchen Perspektive tragen sie gleichsam eine Mitschuld an der zunehmenden Zerrüttung des Konzepts der Familie bzw. des Wertes der Familie und mithin an der steigenden Zahl von Ehescheidungen. Darüber hinaus werden sie als treibende Kraft für ein Vordringen von Promiskuität und Hedonismus in weite Teile der Gesellschaft verstanden. Es werden sogar Stimmen laut, der neudeutsche Antizionismus der 1970er Jahre im linken Lager wäre der Nährboden einer neuen rechtsradikalen Welle in Deutschland gewesen, „eine Entwicklung, wie sie an der Person des ehemaligen APO-Anwalts, RAF-Terroristen und heutigen Rechtsextremen Horst Mahler exemplarisch zu beobachten sei" (Kämper/Scharloth/Wengeler 2012: 3).

Gleichwohl können die ‚68er' in einem ganz anderen Licht gesehen werden. So wird ihnen eben auch zugeschrieben, die Bundesrepublik vom heute sprichwörtlich gewordenen „Mief der Adenauer-Ära" befreit und damit eine wandelfeindliche, bigott-frömmelnde, sittenstrenge und patriarchalische Periode beendet zu haben, die noch stark unter nationalsozialistischem Einfluss stand, indem sie „die Verdrängungsmechanismen der Wirtschaftswundermentalität kritisiert und überwunden und für eine Aufarbeitung der Nazivergangenheit gesorgt" haben (Kämper/Scharloth/Wengeler 2012: 3). Aus dieser Perspektive ist es ein großes Verdienst der ‚68er', dass ein unkritischer und unreflektierter „Autoritätsglaube durch eine demokratische Diskussions- und Streitkultur ersetzt wurde" (Kämper/Scharloth/Wengeler 2012: 4) und dass so aus der bis dahin nur ‚auf dem Papier existierenden' demokratischen Bundesrepublik ein liberal-demokratischer Staat mit aufgeklärten, mündigen Bürgerinnen und Bürgern wurde (vgl. Mell 2017: 113–117, Mell 2015).

Hinsichtlich der Bezeichnung der Akteurinnen und Akteure und des zerrissenen, vieldeutigen und schillernden Jahres 1968 gab es von Anfang an verschiedene Vorschläge. So oszillierten die Medien zwischen Bezeichnungen wie *Studentenbewegung, außerparlamentarischer Opposition* oder *Rebellion*. Schließlich ging man dazu über, die Schwierigkeiten einer adäquaten Bezeichnung durch das Zitieren des Jahres selbst zu ersetzen (vgl. Scharloth 2011: 13). Doch die Rede von ‚den Achtundsechzigern', ‚68' oder sogar der ‚Achtundsechzigergeneration' war alles andere als eindeutig. Vor allem gegen den letztgenannten Begriff der ‚Achtundsechzigergeneration' sträubte sich die Bewegung. Man war nämlich der Meinung, „darin den Versuch zu erkennen, das historisch Neue des Aufbruchs zu psychologisieren, zu entdramatisieren und damit zu entpolitisieren" (vgl. Kraushaar 2008: 58–59). So etablierte sich ein Reden über die ‚Achtundsechziger' und ihre ‚Generation' erst in den 1970er Jahren im Sprachgebrauch einer neuen Jugendbewegung, den Hausbesetzern, die sich als Bewegung emanzipierten und nicht im Schatten ihrer Vorgänger stehen wollten. Damit hatte die Bezeichnung ‚68' zunächst die Funktion der Differenzierung und Distanzierung (vgl. Kraushaar 2008: 57).

Seit Anbeginn der Auseinandersetzung war also strittig, wie das, was in den späten 1960er Jahren stattfand und so neuartig war, zu bezeichnen sei. Vom ursprünglichen ‚Träger' und Initiator ausgehend, erschien es zunächst legitim von einer *Studentenbewegung* und in Reaktion auf die Aktionen und Praktiken dann von einer *Rebellion der Studenten* – einer Bezeichnung, die die Akteurinnen und Akteure selbst mitprägten und verwendeten (vgl. Bergmann/Dutschke/ Lefèvre/Rabehl 1968) – oder einer *Revolte* zu sprechen. Doch verloren die Universitäten schnell ihre zentrale Stellung. Sie blieben zwar Aktionsraum und Schauplatz, waren aber nicht mehr revolutionärer Gegenstand. Schon bald taugten die Universitäten nicht mehr als primäres Ziel von Reformbestrebungen, der anfangs mit so viel Leidenschaft geführte Kampf gegen die universitären Ordinarien war bald ebenso überholt wie die Gründung einer *Kritischen Universität* (vgl. Kraushaar 2008: 57).

Mit dem Ausweiten der Bewegung auf Schülerinnen, Schüler und Lehrlinge bedurfte es dann folglich auch einer Erweiterung des Begriffs der Studentenbewegung, zumal sich nun Züge einer neuen – von den Hippies in den USA inspirierten – aufbegehrenden Jugendbewegung mit den Bestrebungen einer außerparlamentarischen Opposition vermengten (vgl. Kraushaar 2008: 52): Haschischgenuss, Popmusik und Mode auf der einen Seite, aus Reibungen an der Großen Koalition motivierte Reformbestrebungen auf der anderen Seite verlangten – zumindest an ihren äußeren Grenzen – nach einer auch sprachlichen Unterscheidung. Doch häufig wurde und wird nicht zwischen Achtundsechzigerbewegung und APO differenziert.

Heidrun Kämper unterscheidet daher in ihren Forschungen zu politisch-sozialen Wortschätzen des 20. Jahrhunderts zwischen intellektueller und studentischer Linken und fokussiert dabei auf die politische Dimension der Aktionen und die partizipatorischen Forderungen der Akteure. Kämper formuliert:

> „Der politische Diskurs der späten 1960er Jahre wird maßgeblich geführt von der studentischen und der intellektuellen Linken sowie von ihren politischen Kontrahenten. Gegenstand dieses Diskurses ist die Gesellschaft und der Staat der Nachkriegszeit, der von der studentischen Linken bekämpft, von der intellektuellen Linken kritisch kommentiert und von ihren politischen Kontrahenten verteidigt wird. Das ist eine, zugegebenermaßen, holzschnitthafte Skizze der Diskurskonstellation, reicht aber aus, um

die Voraussetzungen [...] des politischen Diskurses der späten 1960er Jahre [...] [zu verdeutlichen]." (Kämper 2012b: 259)

Leitidee ist für die Analyse des politischen Diskurses dabei die der Demokratie bzw. Demokratisierung:

„Vorauszusetzen ist, dass Demokratie/Demokratisierung nicht nur im engen Sinn eines politischen Prinzips der Beteiligung des Volkes an staatlicher Machtausübung und an staatlichen Machtverhältnissen verstanden wird, sondern auch im weiteren Sinn eines auf Gleichberechtigung zielenden kulturellen Gesellschaftsprinzips der Entprivilegierung. Die Gesellschaften des 20. Jahrhunderts stehen in diesem weiteren kulturellen Sinn in der Kontinuität bzw. Diskontinuität der Demokratisierung. Insofern ist die Geschichte des 20. Jahrhunderts auch eine Geschichte der sprachlichen Demokratisierung, genauer: der Entwicklung von in weitestem Sinn politisch-sozialen Wortschätzen und von in weitestem Sinn demokratischen Kommunikationsformen, die im Zuge der gesellschaftlichen Veränderungen jeweils neue Ausprägungen erhalten." (Kämper 2018: o. S.)

Gerade auf die späten 60er Jahre des 20. Jahrhunderts lässt sich diese Leitidee folienhaft abbilden, steht doch die Beteiligung des Volkes an staatlicher Machtausübung durch partizipatorische politische Praktiken, also als Aktivitäten, „die Bürger freiwillig mit dem Ziel unternehmen, Entscheidungen auf den verschiedenen Ebenen des politischen Systems zu beeinflussen" (Kaase 1995: 521), im Zentrum des gesellschaftspolitischen Diskurses. Die studentischen Proteste sind es, die zu dieser Zeit „für einen kurzen Moment den öffentlichen Diskurs bestimmten" (Kämper 2012a: V). Und Oskar Niedermayer konstatiert:

„Die partizipatorische Revolution (Kaase 1984) der späten Sechzigerjahre führte zu einem Wandel des Beteiligungsverhaltens der Bevölkerung, der durch ‚die Entinstitutionalisierung politischer Beteiligung und die Erweiterung des politischen Beteiligungsrepertoires gekennzeichnet war' (van Deth 1997: 294). Die ‚konventionelle' Partizipation wurde ergänzt durch ‚unkonventionelle' Formen politischer Beteiligung [...]. Sofern diese Protestaktivitäten legale Beteiligungsformen umfassten, wurden sie im Zeitverlauf von einer wachsenden Mehrheit der Bevölkerung auch als legitim anerkannt, illegale Proteste in Gestalt des zivilen Ungehorsams werden jedoch von der breiten Mehrheit der Deutschen

nicht als legitime Mittel zur Interessendurchsetzung angesehen."
(Niedermayer 2005: 253)

Die Folgen dieser demokratischen Neukonzeptionen prägen seit dieser Zeit die Demokratiemodelle der Bundesrepublik, in Bezug etwa auf Teilhabe, auf die Unabhängigkeit von parlamentarischer Politikpraxis und auf den Anspruch auf gesellschaftliche Mitgestaltung (vgl. Kämper 2013: 10, Pappert/Mell i. Dr.: 223).

Ziele der partizipatorischen und politikkritischen Handlungen, welche die studentische Linke als „demokratisches Grundprinzip" einfordern (Kämper 2017: 18), sind die Aufarbeitung und Anerkennung der NS-Vergangenheit, die Entmachtung einer monopolisierten und gleichgeschalteten Springerpresse als Manipulationsorgan der Massen sowie die Etablierung eines neuen Demokratiekonzeptes. Demokratie ist hier ein Grundprinzip, Mitbestimmung wird dabei grundsätzlich zugelassen, aber auch gefordert. Dafür bedarf es einer Gegenöffentlichkeit, die diese Form einer aus studentischer Sicht als Redemokratisierung zu bezeichnenden gesellschaftspolitischen Veränderung realisiert (vgl. Mell 2017; Pappert/Mell i. Dr.: 223–224).

2.   Zur Sprache der ‚68er' und ihrer Erforschung

In traditionell angelegten Sprachgeschichten wird ‚1968' nicht (z. B.
Eroms 1989) oder nur marginal im Rahmen von Sprachkritik ange-
sprochen (z. B. Stedje, 1989, Wolff 1994, vgl. Kämper/Scharloth/Wen-
geler 2012: 7). Anders als die genannten nimmt Peter von Polenz in
seiner Sprachgeschichte eine dezidierte Einordnung von ‚1968' vor
(vgl. Wengeler 2017: 1037) und unterstreicht dabei den Stellenwert
der Sprache der Studentenbewegung und der Neuen Linken Ende der
1960er Jahre für die Sprachgeschichtsschreibung:

> „Nach der Adenauer-Ära, der ‚Sattelzeit für bundesrepublikani-
> sche Diskussionen und Begrifflichkeiten', in der sich zur Konsoli-
> dierung der neuen Verfassungswirklichkeit der Bundesrepublik,
> ihres wirtschaftlichen Aufschwungs und ihrer Westorientierung
> im Kalten Krieg eine Diskurswelt ‚politischer Leitvokabeln' eta-
> bliert hatte, gab es eine zweite sprachgeschichtliche Zäsur poli-
> tischer Sprache der alten Bundesrepublik durch die Wirkung des
> Sprachgebrauchs der Neuen Linken, insbesondere der 1968er
> Studentenbewegung und der Außerparlamentarischen Opposi-
> tion (APO). […] Seit der Zeit um 1970 ist im politischen Sprach-
> gebrauch der Bundesrepublik Deutschland sehr viel in Bewegung
> gekommen […]. Die basisdemokratische Belebung kritischen po-
> litischen Sprachgebrauchs ist von anderen politischen Richtungen
> […] vielfältig weitergeführt worden." (von Polenz 1999: 560–561)

Die späten 1960er Jahre in der Bundesrepublik sind dahingehend
als markant bzw. als Zäsur zu bezeichnen, insofern sie die Geburts-
stunde eines neu aufkeimenden Wunsches nach kultureller, aber vor
allem politischer Partizipation sind. Intellektuelle und studentische
Linke erheben in den späten 1960er Jahren je eigene Partizipations-
ansprüche einer konsequenten Demokratie für kurze Zeit in hoher
kommunikativer Dichte und Intensität (vgl. Kämper 2013: 10). Fol-
gerichtig ist die Analyse von Partizipationsformen, einerseits in ihrer Realisierung als sprachlicher Protest, andererseits im medialen
Modus ihrer Ausübung, d. h. als partizipatorische Praxis, als Sit-in,
Protestmarsch oder in Form von Flugblattaktionen, zum Zwecke
der Demokratisierung bzw. Re-Demokratisierung (vgl. Mell 2017)
sowie in Bezug auf die Folgen von ‚1968' in Form sprachkritischer
und sprachkulturbezogener Analysen, zentrales Element der neueren kulturwissenschaftlichen und polito-linguistischen Forschung
zu ‚1968'.

2.1   Politjargon und politischer Wortschatz

Doch zunächst operierte die linguistische Forschung zu ‚1968' lange im Graubereich einer nur zum Teil politisch motivierten Sprachkritik sowie vor allem ihrer Lexikologie. In ihrem 2012 erschienen Sammelband präsentieren Heidrun Kämper, Joachim Scharloth und Martin Wengeler einen fundierten Überblick über die linguistische Forschung zu ‚1968', der hier nicht unbeachtet bleiben soll (Kämper/Scharloth/Wengeler 2012: 5–7). Es waren die Wörter der Neuen Linken, die sowohl der Öffentlichkeit als auch der Wissenschaft als Charakteristikum des Sprachgebrauchs der Bewegung zunächst ins Auge fielen und die Revolte der ‚68er' zu einer sprachlichen Revolte machten. „Im Wortschatz schien zunächst der Wandel stattzufinden und auch in der späteren Forschung versprach die Untersuchung des Wortschatzes Erkenntnisse über den sprachgeschichtlichen Einfluss von ‚1968'" (Wengeler 2017: 1037). So dominieren lexikologische Zugänge und es erscheinen bereits 1968 kleinere wörterbuchartige Publikationen, die sprachliche Eigenheiten der studentischen Linken sprachkritisch kommentierten oder als Sprachratgeber helfen wollten, durch Worterklärungen einen Dialog zu ermöglichen. Beispiele dafür sind etwa Peter Weigts „Revolutionslexikon", Klaus Hofmeisters sprachkritisches Buch „Lieben Sie Establishment?" und Raimund Koplins „Sprachführer durch die Revolution". Ein erstes umfangreiches Wörterbuch mit 200 Schlagwörtern zur Sprache der Neuen Linken legte Andreas von Weiss dann im Jahre 1974 vor. Verstanden wissen will er es als Hilfsmittel bei der kritischen Auseinandersetzung mit der politischen Linken (vgl. Kämper/Scharloth/Wengeler 2012: 5–6).

Übersetzungsbedarf schien dabei nicht zuletzt deshalb angezeigt, weil gehäufter Fremdwortgebrauch – Boesch (1972: 266) spricht 1972 von „Fremdwörtersucht" in der „Sprache des Protestes" – als wesentliches Merkmal der Sprache der Neuen Linken identifiziert wurde (vgl. Jäger 1970, Steger 1983: 27, Moser 1985: 1696). Daneben reicherte vor allem wissenschaftliches Vokabular unterschiedlicher Fachdisziplinen die Sprache der ‚68er' an, wie etwa der Politik, insbesondere des (Neo-Marxismus), und der Sozialwissenschaften, hier vor allem der Kritischen Theorie, aber auch der Psychologie. Hinzu traten Ausdrücke der amerikanischen Bürgerrechts- und Studentenbewegung, so dass bei den Zeitgenossen der Eindruck entstehen musste, es handle sich um einen Soziolekt mit „Erkennungs- und Abgrenzungssymbolik" (Steger 1983: 27; vgl. auch Brunotte 1973: 54). Hierin mag der Grund liegen, dass dieser ‚linke Jargon' (Boesch 1972: 267) polemisch als „Soziologenchinesisch" (Lhotta 1989: 72) oder „adorniertes Marcusisch" (Jäger 1970: 86) bezeichnet wurde (vgl. Kämper/Scharloth/Wengeler 2012: 5, Wengeler 2017: 1038). Das Verständnis dieser Sprache der ‚1968er' als Soziolekt (von Polenz 1999: 561) oder als Politjargon (Mattheier 2001: 86) bestätigt auch Heidrun Kämper in ihrem diskurssemantischen Wörterbuch (2012) mit etwa 100 Einträgen zum zentralem Wortschatzinventar dieses Stils (zum Beispiel *antiautoritär, Aufklärung, Bewußtmachung, Jugend, Manipulation, Massen, System*). Zuvor wurde bereits von Thomas Niehr (1993) ein Ausschnitt des 68er Wortschatzes korpusbasiert lexikographisch erfasst und dokumentiert, darunter: *APO, Happening, Neue Linke, Notstandgesetze* (vgl. Wengeler 2017: 1038–1039).

‚1968' gilt, wenn auch nicht als sprachgeschichtliche Zäsur (vgl. neben von Polenz 1999 auch Kämper 2012: 23), so doch zumindest als „Auslöser [...] [oder] Katalysator für wichtige Veränderungen in der öffentlich-politischen Kommunikation", etwa auf den Feldern der Wirtschaftspolitik, der Bildungspolitik, der Frauenpolitik, der Partnerschafts- und Sexualethik, der Umweltdiskussion und der Entwicklungspolitik (Wengeler 2017: 1039).

Damit spielt ‚1968' in der Geschichte des öffentlichen Sprachgebrauchs in der Bundesrepublik Deutschland eine maßgebende Rolle. Diese Einschätzung bestätigt auch die Arbeit von Georg Stötzel und Martin Wengeler (1995), in der die bedeutendsten politischen Debatten in der Geschichte der Bundesrepublik untersucht wurden (vgl. Kämper/Scharloth/Wengeler 2012: 5). Die Autoren gelangen zu eben jener Erkenntnis, dass durch die Sprache der 68er der öffentliche Sprachgebrauch erheblich beeinflusst worden sei, etwa in den Debatten um die nationalsozialistische Vergangenheit, den Terrorismus und die Abtreibung. In anderen Themenfeldern hingegen wurde die öffentliche Sprache durch längerfristige Einflüsse geprägt, etwa durch die Reformpolitik und die neuen Bürgerbewegungen (vgl. Stötzel 1995: 146).

2.2 Textsorten und Medien der Partizipation

‚1968' steht daneben auch für neue Textsorten und Kommunikationsformen, die in der politischen Auseinandersetzung zum Zwecke der Partizipation eingesetzt werden (vgl. Pappert/Mell i. Dr.). So formuliert Klaus Mattheier, ‚1968' stehe für „die Herausbildung neuer Textsorten und Kommunikationsmedien, durch die das öffentliche und politische Sprechen und Schreiben tiefgreifend umgestaltet worden ist" (Mattheier 2001: 85) und bezieht sich dabei auf Wandzeitungen, Flugblätter oder das politische Liedermacherlied ebenso wie auf Vollversammlungen, Teach-ins und „die vielen anderen -ins" (Mattheier 2001: 85). Dennoch gibt es bisher wenige Forschungen zu diesen Kommunikationsformen:

Die Möglichkeiten der Nutzung von Wandzeitungen im Rahmen politischer Partizipation hat beispielsweise Schnoz (2012) exemplarisch untersucht. Die von ihr untersuchten Wandzeitungen entstammen einer Auseinandersetzung um ein Jugendzentrum in Zürich 1968. Schnoz konstatiert dabei vor allem die Möglichkeit zur dialogähnlichen Interaktion: „Die Wandzeitungen unterstützten also die Hauptfunktion der Veranstaltung: den Austausch, das Gespräch [...] als alternative Plattform [...] Revolution durch Wort statt durch Gewalt zu machen." (Schnoz 2012: 254) Eine breitere Untersuchung dieses Kommunikationsmediums für die 68er Bewegung steht allerdings noch aus (vgl. Wengeler 2017: 1050).

Die Kunst- und Kommunikationsform des politischen Liedermacherliedes wurde u. a. von Kersten Sven Roth (2012) und Simone Burel (2013) untersucht. Roth versteht das politische Liedermacherlied als ein historisch auf ‚1968' begrenztes Phänomen und untersucht die Textsorte mit Bezug auf ihr „Verhältnis zu verschiedenen historischen Diskurskonstellationen" (Roth 2012: 165). Im Fokus von Burel stehen differenzierte Analysen zur „Textsortenvariante ‚politisches Lied der 68er'" (Burel 2013: 139). Sie untersucht, inwieweit das politische Lied der 68er politische Sprache abbildet und „funktional der Vermittlung politischer Inhalte und Intentionen dient" (Burel 2013: 138). Dabei arbeitet sie zwei Ausprägungen der Textsortenvariante heraus, welche sie als narrative Lieder und als appellative Lieder bestimmt. Weitere vergleichende Arbeiten, etwa mit dem Arbeiterlied der sozialistischen Arbeiterbewegung, wären hier lohnenswert.

‚1968' spielen Flugblätter eine sehr wichtige Rolle, was auch die linguistischen Untersuchungen beweisen (vgl. Wengeler 2017: 1049). Rücken zunächst die Untersuchungen ihren Fokus auf Wortschatz, Wortbildung und Syntax, und zwar mit dem Ziel, besondere Ausdrucksmittel oder sprachliche Auffälligkeiten zu ermitteln (vgl. hierzu Brunotte 1973, Czubayko 1997), rücken in neueren Untersuchungen Themen, Themenentwicklung und Stile in den Blick (vgl. Schmitz 2001, Niehr 2012). Doch auch hier existieren noch keine umfänglichen Analysen.

2.3   Sprachkritische und sprachkulturelle Reflexion

Der Vordenker in den sprachkulturellen Veränderungen im öffentlichen „Kampf ums Heißen", der öffentlichen Sprachauseinandersetzung und einer wachsenden Sprachsensibilität in den 60er Jahren war Herbert Marcuse (vgl. Wengeler 2017: 1042). Er ist es, der festhält: Steht die „Sprache der Herrschenden" unter Manipulationsverdacht, müssen andere Begriffe verwendet werden, um

> „Wörter (und damit Begriffe) von der nahezu totalen Entstellung ihres Sinns zu befreien. Gleichermaßen muß das soziologische und politische Vokabular umgeformt werden: es muß seiner falschen Neutralität entkleidet werden." (Marcuse 1969: 20)

Neben der Frage nach der Einwirkung auf den politischen Wortschatz sowie der nach (neuen) Textsorten und Protestmedien rückt folglich auch die Frage hinsichtlich des Einflusses der 1968er-Bewegung auf die Sprachkultur der Bundesrepublik in den Blick der Sprachwissenschaft. Dabei fallen die sprachkritischen ‚Antworten' unterschiedlich aus, folgen sie doch auffällig dem in den gesellschaftlichen Debatten über das Gesamtphänomen ‚1968' unterschiedlich konzipierten kollektiven Wissen (vgl. Kämper/Scharloth/Wengeler 2012: 6); gemeint sind diejenigen Debatten, bei denen Scharloth (2011: 15, 57) zwischen dem ‚Extremismusnarrativ' und dem ‚Demokratisierungsnarrativ' unterscheidet.

Diejenigen Arbeiten, die dem ‚Extremismusnarrativ' zuzurechnen sind, sind zunächst die frühen Arbeiten von Kaltenbrunner (1975) oder Bergsdorf (1979), die – politisch motiviert – einer politischen Auseinandersetzung sowohl mit der Neuen Linken als auch mit der sozial-liberalen Regierung dienlich sein sollten. Behrens/Dieckmann/Kehl (1982) erarbeiteten auf deren Grundlage in den 1980er Jahren dann eine Analyse der dort wie in der CDU vertretenen Sprachauffassungen und Sprachstrategien. Doch wo Bergsdorf (1979: 7) noch beschreibend vom einem „Streit um die Bedeutung von Wörtern wie Staat, Demokratie und Gesellschaft" spricht, bewertet Kuhn (1975) die Sprache der Neuen Linken. Er vergleicht sie mit der Sprache im Nationalsozialismus und zieht deutliche Parallelen, weswegen er eine besorgniserregende Entwicklung befürchtet, die er als „Revolte der Sprache gegen den Menschen" (Kuhn 1975: 11) bezeichnet. In eine ähnliche Richtung argumentiert auch Dietz (1975: 27), der eine „Bewußtseinsverengung durch uniformierte Sprache" attestiert. In Wörtern wie *Demokratisierung, Freiraum* und *Emanzipation* sieht er Gefahren für die Demokratie. So beschnitten Wörter wie *Freiraum* und *Emanzipation* den Freiheitsbegriff auf eine

Lesart des ‚sich von etwas befreien‘ und dienten somit der Legitimation rechtsfreier Räume sowie der Gegengewalt gegen die Staatsgewalt (vgl. Wengeler 2017: 1040–1041). Und auch Colin Good (1989: 20 ff.) betrachtet Ende der 1980er Jahre die sprachlichen Entwicklungen der 1960er Jahre eher im Sinne einer Einschränkung des demokratischen Sprachgebrauchs. Seiner Ansicht nach ist die politische Sprache in der Bundesrepublik bis 1989 stark von Vermeidungsstrategien geprägt, welche die Sprache der Nazizeit einerseits, die Sprache der Neuen Linken in der BRD und des Kommunismus in der DDR andererseits betreffen. In eben dieser Einengung des eigenen Wortschatzes sieht er den Grund dafür, dass jedwede politische Auseinandersetzung, vor allem die parlamentarische Debatte, durch eine Ablehnung allzu konfrontativer Umgangsformen geprägt sei (vgl. Kämper/Scharloth/Wengeler 2012: 7).

Linguistische Analysen, welche die These von ‚1968‘ als eines Einschnittes in die Entwicklung der öffentlichen Sprachkultur vertreten, der zu „einer demokratischen, offeneren Auseinandersetzung sowie zu einer erhöhten öffentlichen Sprachsensibilität geführt“ habe, wenden sich hingegen eher dem ‚Demokratisierungsnarrativ‘ zu (Wengeler 2017: 1041). So formuliert Martin Wengeler etwa die Hypothese, dass die von den ‚68ern‘ eingeforderte und gelebte Sprachsensibiltät als nicht-intendierte Folge das Phänomen einer positiv verstandenen *political correctness* hervorgebracht habe (vgl. Wengeler 2013, Schlosser 2007) und bezieht sich hierbei auf eine Sprachsensibilität, die einen bestimmten Sprachgebrauch vermeiden will (vgl. Kämper/Scharloth/Wengeler 2012: 6), weil durch ihn „Personen oder Gruppen beleidigt oder abgewertet würden oder weil er einen nicht erwünschten Umgang mit der deutschen Vergangenheit fördere“ (Wengeler 2002: 7), was er als „als Indikator für eine fortgeschrittene Zivilität und demokratische Kultur in der Gesellschaft“ (Wengeler 2002: 1) ansieht. Erst durch die 68er-Bewegung erhielt die Auseinandersetzung um den Gebrauch der Sprache in der Politik einen zentralen Platz in der Gesellschaft, was nicht zuletzt zu einer Zunahme der öffentlichen Sprachsensibilität führte (vgl. Wengeler 2017: 1041).

Dass dieser von den ‚68ern‘ geführte „Kampf ums Heißen“ sprachgeschichtlich tatsächlich wirksam war, kann nicht zuletzt aus den Reaktionen ihrer politischen Gegner abgelesen werden (vgl. Wengeler 2017: 1042–1043), etwa aus der Rede Kurt Biedenkopfs auf dem CDU-Parteitag, in der er feststellte: „Wir erleben heute eine Revolution, die sich nicht der Besetzung der Produktionsmittel, sondern der Besetzung der Begriffe bedient“ (zitiert nach Klein 1991: 46).

3.   Aufbau und zentrale Themen der Bibliografie

Der bibliografische Teil des Bandes ist in fünf größere Abschnitte ge-gliedert. Aufgrund der thematischen Ausrichtung des Bandes wur-den dabei zunächst linguistische und medienwissenschaftliche Pu-blikationen fokussiert. Aber auch Studien aus Nachbardisziplinen, besonders der Soziologie, der Politologie und der Geschichtswissen-schaft wurden erfasst, weil sie uns als Lieferant wissenschaftlich fun-dierten Hintergrundwissens für die sprachwissenschaftliche Ausei-nandersetzung mit dem Thema ‚1968' als unerlässlich erschienen. Daraus resultiert auch die Gliederung des biografischen Teils. Einige Titel werden aufgrund ihrer Relevanz für unterschiedliche Domänen in mehreren Kapiteln aufgeführt. So kann die Bibliografie sowohl dis-ziplinen-, themen- als auch praktikenbezogen rezipiert werden.

Abschnitt 1 umfasst Quellen, biografische Notizen und Erinnerun-gen. Die Auswahl ermöglicht einen Überblick über wichtige Doku-mente (Publikationen, Aufrufe, Reden, Diskussionen, Flugblätter) sowie über persönliche Erinnerungen, Bewertungen und Einschät-zungen. Der Auswahl zugrunde liegt der Gedanke, dass die berück-sichtigten Quellensammlungen und Textbestände „als solche bereits Textgeschichte" (Kämper 2012a: 31) sind. Zudem führen wir verein-zelt wissenschaftliche Publikationen von Zeitzeugen, Akteuren und Chronisten der 68er Bewegung, wie etwa Peter Schneider oder Wolf-gang Kraushaar, in diesem Abschnitt auf.

Abschnitt 2 präsentiert disziplinäre Zugänge zu ‚1968', die eine ers-te methodische und theoretische Einordnung ermöglichen sollen. Zunächst widmen wir uns dem Feld der Sprach-, Literatur- und Kul-turwissenschaft. Beginnend mit einem linguistischen Zugriff (2.1 Pragmatischer und gebrauchsorientierter Zugriff, 2.2 (Diskurs-)Lexi-kografie, Semantik, Sprachgeschichte) führen wir in einem nächsten Kapitel Texte medien-, kommunikations- und kultur- sowie literatur-wissenschaftlicher Prägung auf (2.3). Die Kapitel 2.4 und 2.5 fokus-sieren eine politologisch-soziologische Ausrichtung; Kapitel 2.6 rückt die historiografische Perspektive auf ‚1968' ins Zentrum. Kapitel 2.7 enthält schließlich Studien zur Erinnerungskultur.

Abschnitt 3 umfasst Forschungsbeiträge zu den Akteuren (3.1), Praktiken (3.2) und Themen der Protestbewegung ‚1968' (3.3 Anti-autoritarismus und Gesellschaft, 3.4 Gewalt, NS-Vergangenheit, Ter-ror und die RAF).

Insofern ‚1968' als transnationale und globale Protestbewegung zu verstehen ist, die eine entscheidende Rolle bei soziokulturellen Veränderungen verschiedenster Länder einnimmt, widmet sich **Abschnitt 4** Forschungsliteratur, welche ‚1968' als globale Bewegung in den Blick nimmt.

Den letzten **Abschnitt 5** bilden Studien und Beiträge, welche sowohl die Widerspiegelung der Protestbewegung in den Massenmedien als auch die Hervorbringung und Verfestigung medialer Formate als Folge der ‚68'er fokussieren.

4. Allgemeine Hinweise zur Benutzung dieser Bibliografie

Die vorliegende Bibliografie ist als Beitrag zur Erforschung der Sprach-, Kommunikations- und Kulturgeschichte zu ‚1968' zu verstehen, und zwar mit dem Ziel, einen (polito-)linguistischen, kommunikationswissenschaftlichen, aber auch historischen sowie kulturwissenschaftlichen Einblick in die Forschungsbestände und Quellen des Gegenstands ‚1968' zu ermöglichen. Der Fokus der angeführten Forschungsbeiträge liegt dabei auf sprachwissenschaftlichen Zugängen, der Kulturwissenschaft und benachbarter Disziplinen.

Diesem Umstand trägt dieser Band Rechnung: Insofern der linguistische Forschungsbereich hier eng mit den Nachbardisziplinen, wie der Geschichtswissenschaft, der Soziologie, der Politologie oder der Kultur- und Medienwissenschaft, in Beziehung steht bzw. sich mit deren Forschungsfragen überlappt, spiegelt auch die Literaturauswahl dieser Bibliografie diesen interdisziplinären Zugang wider. Diese Bibliografie dient als Nachschlagewerk, das sich vornehmlich an die Zielgruppe der Sprachwissenschaftlerinnen und Sprachwissenschaftler, aber auch an interessierte Historikerinnen und Historiker, ebenso an Literatur-, Politik- und Medienwissenschaftlerinnen und -wissenschaftler richtet. Sie unterstützt vor allem Studierende, Doktorandinnen und Doktoranden und weitere Interessierte derjenigen Fachrichtungen, die einen systematischen Zugang zur neueren und neuesten Literatur rund um das Thema ‚1968' suchen. Wer sich für den aktuellen Forschungsstand und die vielseitigen Aktivitäten der Forschungsgemeinschaft interessiert, findet in dieser Bibliografie einen Einstieg, sich systematisch über die zahlreichen Quellen und Erinnerungsliteratur, methodischen Ansätze sowie themenbasierte Forschungsbeiträge zu informieren.

Die vorliegenden Literaturhinweise sind Resultat unserer Forschungsarbeit, der systematischen Auswertungen relevanter Sammelbände und Monografien sowie der Sichtung von Dissertationen und Habilitationen, die in der Regel einen adäquaten Forschungsüberblick ermöglichen. Linguistische Orientierungshilfe boten hierbei besonders die Forschungen von Heidrun Kämper, Joachim Scharloth und Martin Wengeler. Diese Bibliografie erhebt dabei bewusst keinen Anspruch auf Vollständigkeit. Vielmehr ist sie der Versuch, den BenutzerInnen eine möglichst repräsentative Auswahl an Quellenmaterial und Sekundärliteratur zur Verfügung zu stellen. Dabei wurden neben Quellen und Texten der Erinnerungskultur insbesondere

Werke aufgenommen, die sich mit Themen und Protestpraktiken von ‚1968' beschäftigen. Neben Analysen, die eine genuin linguistische Perspektive einnehmen, wurden auch Forschungen eng verwandter (Teil)Disziplinen, insbesondere aus den Bereichen der Kultur- und Medienwissenschaft, der Soziologie, Politologie und der Geschichtswissenschaft herangezogen. Die in diesem Band verzeichnete Literaturauswahl schließt noch Forschungsbeiträge aus dem Jahr 2018 ein.

Der Altphilologe Bruno Boesch vermutete in einer zeitgenössischen Reflexion zur „Sprache des Protestes" (1972): „Die Sprache der studentischen Opposition wird für eine kommende Sprachgeschichte kaum mehr sein als ein Gekräusel auf dem unendlich wogenden Meer der Gegenwartssprache" (Boesch 1972: 271). Die Forschung der letzten 50 Jahre mag als Widerlegung dieser Äußerung angesehen werden. Wir hoffen mit dieser Bibliografie, den Untersuchungsgegenstand ‚1968' in seiner Diversität und Komplexität angemessen erfasst zu haben, auch und vor allem durch den Blick über den linguistischen Tellerrand hinaus. Wir wünschen uns zudem, dass diese Bibliografie die Nutzerinnen und Nutzer dazu anregt, den Sprachgebrauch sowie die kommunikativen und kulturellen Praktiken der späten 1960er Jahre in Deutschland sowie weltweit eingehender zu erforschen, um noch vorhandene Forschungslücken – gerade im Bereich der Linguistik – mehr und mehr zu schließen. Zu hoffen bleibt schließlich, dass diese Forschungen dazu beitragen ein tieferes und umfassenderes Verständnis von ‚1968', seinen Akteuren und ihrer Sprachverwendung zu fördern sowie die Bedeutung dieser bewegten Zeit, die bis in die Gegenwart reicht, kritisch zu würdigen.

Darmstadt und Essen,   Ruth M. Mell und Steffen Pappert
im September 2018

Literatur zum einleitenden Teil

BEHRENS, Manfred/DIECKMANN, Walther/KEHL, Erich (Hrsg.) (1982): Politik als Sprachkampf. In: Heringer, Hans Jürgen (1982): Holzfeuer im hölzernen Ofen, Aufsätze zur politischen Sprachkritik. Tübingen: Narr, S. 216–265.

BERGMANN, Uwe/DUTSCHKE, Rudi/LEFÈVRE, Wolfgang/RABEHL, Bernd (1968): Rebellion der Studenten oder Die neue Opposition. Reinbek bei Hamburg: Rowohlt Taschenbuch.

BERGSDORF, Wolfgang (1979): Wörter als Waffen. Sprache als Mittel der Politik. Stuttgart: Bonn aktuell.

BOESCH, Bruno (1972): Die Sprache des Protestes. In: Schlemmer, Johannes (Hrsg.): Sprache – Brücke und Hindernis. 23 Beiträge nach einer Sendereihe des „Studio Heidelberg" des Süddeutschen Rundfunks. München: R. Piper & Co., S. 261–272.

BRUNOTTE, Barbara (1973): Rebellion im Wort: eine zeitgeschichtliche Dokumentation; Flugblatt und Flugschrift als Ausdruck jüngster Studentenunruhen. Frankfurt am Main: Dipa.

BUREL, Simone (2013): Politische Lieder der 68er – Eine linguistische Analyse kommunikativer Texte. Hrsg. v., Institut für deutsche Sprache, Mannheim. (= amades 46)

COHN-BENDIT, Daniel/DAMMANN, Rüdiger (Hrsg.) (2007): 1968. Die Revolte. Frankfurt/M.: Fischer.

CZUBAYKO, Astrid (1997): Die Sprache von Studenten- und Alternativbewegungen. Aachen: Shaker.

DIETZ, Heinrich (1975): Rote Semantik. In: Kaltenbrunner, Gerd-Klaus (Hrsg.): Sprache und Herrschaft. Die umfunktionierten Wörter. München/Freiburg/Basel/Wien: Herder, S. 20–43.

DUTSCHKE, Rudi [R.S.] (1967): Zum Verhältnis von Organisation und Emanzipationsbewegung. In: Oberbaumblatt vom 12. Juni 1967. Nr. 5, S. 4.

EROMS, Hans-Werner (1989): Von der Stunde Null bis nach der Wende: Zur Entwicklung der politischen Sprache in der Bundesrepublik Deutschland. In: Forum für interdisziplinäre Forschung, 2, S. 9–18.

GOOD, Colin (1989): Szylla und Charybdis. Der politische Diskurs in Westdeutschland zwischen sprachlicher Sensibilität und ideologischer Polarisierung. In: Forum für interdisziplinäre Forschung, 2, S. 19–26.

HOFMEISTER, Klaus (1968): Lieben Sie Establishment? Köln: Deutsche Industrieverlags-GmbH

JÄGER, Siegfried (1970): Linke Wörter. Einige Bemerkungen zur Sprache der APO. In: Muttersprache, 80, S. 85–107.

KAASE, Max (1995): Partizipation. In: Nohlen, Dieter (Hg.): Wörterbuch Staat und Politik. Bonn: Bundeszentrale für politische Bildung, S. 521–527.

KAASE, Max (1984): The Challenge of the „Participatory Revolution" in Pluralist Democracies. In: International Political Science Review, 5, S. 299–318.

KALTENBRUNNER, Gerd-Klaus (Hrsg.): Sprache und Herrschaft. Die umfunktionierten Wörter. München / Freiburg / Basel / Wien: Herder.

KÄMPER, Heidrun (2018): Leitidee: „Demokratisierung". Online unter: [http://www1.ids-mannheim.de/lexik/sprachlicherumbruch/leitidee.html] (19.07.2018).

KÄMPER, Heidrun (2017): Politikkritik in der Demokratie. Historische Beispiele und Versuch einer Einordnung. In: Kämper, Heidrun / Wengeler, Martin (Hg.): Protest – Parteienschelte – Politikverdrossenheit: Politikkritik in der Demokratie. Bremen: Hempen, S. 9–24. (= Sprache – Politik – Gesellschaft 20)

KÄMPER, Heidrun (2013): Wörterbuch zum Demokratiediskurs 1967/68. Unter Mitwirkung von Elisabeth Link. Berlin: Akademie .

KÄMPER, Heidrun (2012a): Aspekte des Demokratiediskurses der späten 60er Jahre. Konstellationen – Kontexte – Konzepte. Berlin / Boston: de Gruyter. (= Reihe Studia Linguistica Germanica 107)

KÄMPER, Heidrun (2012b): Der Faschismusdiskurs 1967/68. Semantik und Funktion. In: Kämper, Heidrun / Scharloth, Joachim / Wengeler, Martin (Hrsg.): „1968". Eine sprachwissenschaftliche Zwischenbilanz. Berlin / Boston: de Gruyter, S. 259–285. (= Sprache und Wissen 6)

KÄMPER, Heidrun / SCHARLOTH, Joachim / WENGELER, Martin (2012): „1968". Eine sprachwissenschaftliche Zwischenbilanz. In: Kämper, Heidrun / Scharloth, Joachim / Wengeler, Martin (Hrsg.): „1968". Eine sprachwissenschaftliche Zwischenbilanz. Berlin/Boston: de Gruyter, S. 3–19. (= Sprache und Wissen 6)

KLEIN, Josef (1991): Kann man „Begriffe besetzen"? Zur linguistischen Differenzierung einer plakativen politischen Metapher. In: Liedke, Frank/Wengeler, Martin/Böke, Karin (Hrsg.): Begriffe besetzen. Strategien des Sprachgebrauchs in der Politik. Opladen: Westdeutscher.

KOPLIN, Raimund (1968): Sprachführer durch die Revolution. München: Hohn.

KRAUSHAAR, Wolfgang (2008): Achtundsechzig. Eine Bilanz. Berlin: Propyläen.

KRAUSHAAR, Wolfgang (2000): Die erste globale Rebellion. In: Kraushaar, Wolfgang: 1968 als Mythos, Chiffre und Zäsur. Hamburg: Hamburger Edition, S. 19–52.

KUHN, Fritz (1983): Überlegungen zur politischen Sprache der Alternativbewegung. In: Sprache und Literatur in Wissenschaft und Unterricht 51 (14), S. 61–79.

LHOTTA, Roland (1989): Sind wir ‚gelinkt' worden? Zum Eindringen von 68er Vokabular in die Gemein- und Bildungssprache. In: Sprache und Literatur in Wissenschaft und Unterricht 64, S. 3–15

MARCUSE, Herbert (1969 [1984]): Versuch über die Befreiung. In: Marcuse, Herbert. Schriften. Band 8. Frankfurt/M.: Suhrkamp.

MATTHEIER, Klaus J. (2001): Protestsprache und Politjargon. Über die problematische Identität einer ‚Sprache der Achtundsechiger'. In: Ott, Ulrich/Luckscheiter, Roman (Hrsg.): Belles lettres, Graffiti. Soziale Phantasien und Ausdrucksformen der Achtundsechziger. Göttingen: Wallstein, S. 79–90.

MELL, Ruth M. (2017): (GEGEN-)ÖFFENTLICHKEIT als politikkritisches Konzept im Protestdiskurs 1968 und in Diskursen des 21. Jahrhunderts. In: Kämper, Heidrun/Wengeler, Martin (Hrsg.): Protest – Parteienschelte – Politikverdrossenheit. Politikkritik in der Demokratie. Bremen: Hempen, S. 25–40. (= Sprache – Politik – Gesellschaft 20)

MELL, Ruth M. (2015): Vernunft, Mündigkeit, Agitation. Eine diskurslinguistische Untersuchung zur Generierung und Strukturierung von Wissen über das Konzept ‚AUFKLÄRUNG 1968'. Bremen: Hempen. (= Sprache – Politik – Gesellschaft 16)

MELL, Ruth M. (2014): Aufklärung im Protest. Ein diskurslinguistischer Vergleich der Aufklärungskonzepte von ‚1968' und der ‚Occupy-Wall-Street-Bewegung 2011f.' In: Balint, Iuditha/Dingeldein, Hannah/Lämmle, Kathrin (Hrsg.): Protest, Empörung, Widerstand. Zur Analyse von Auflehnungsbewegungen. Konstanz/München: UVK, S. 95–111.

MOSER, Hugo (1985): Die Entwicklung der deutschen Sprache seit 1945. In: Besch, Werner/Reichmann, Oskar/Sonderegger, Stefan (Hrsg.): Sprachgeschichte. Sprachgeschichte. Ein Handbuch zur Geschichte der deutschen Sprache und ihrer Erforschung. Berlin/New York: de Gruyter. S. 1678–1707. (= Handbücher zur Sprach- und Kommunikationswissenschaft, Band2/2)

NIEDERMAYER, Oskar (2005): Bürger und Politik. Politische Orientierungen und Verhaltensweisen der Deutschen. 2., aktualisierte und erweiterte Aufl. Wiesbaden: VS.

NIEHR, Thomas (2012): „Still schäm' ich mich in meiner Zelle. Fritz Teufel, Ausgeburt der Hölle." Sprachreflexive Elemente in den Flugblättern der Kommune 1. In: Kämper, Heidrun/Scharloth, Joachim/ Wengeler, Martin (Hrsg.): „1968". Eine sprachwissenschaftliche Zwischenbilanz. Berlin/Boston: de Gruyter, S. 115–134. (= Sprache und Wissen 6)

NIEHR, Thomas (1993): Schlagwörter im politisch-kulturellen Kontext. Zum öffentlichen Diskurs in der BRD von 1966 bis 1974. Wiesbaden: Deutscher Universitätsverlag.

PAPPERT, Steffen/Mell, Ruth M. (i. Dr.): Partizipationspraktiken in den Protestdiskursen 1968 und 1989. In: Bock, Bettina M./Dreesen, Philipp: Sprache und Partizipation in Geschichte und Gegenwart. Bremen: Hempen .

POLENZ, Peter von (1999): Deutsche Sprachgeschichte vom Spätmittelalter bis zur Gegenwart. Band 3: 19./20. Jahrhundert. Berlin/New York: de Gruyter.

PRANTL, Heribert (2018): Was von 1968 geblieben ist. SZ – Süddeutsche Zeitung, 11. April 2018. Online unter:
[http://www.sueddeutsche.de/politik/jahre-spaeter-was-von-geblieben-ist-1.3933897].

ROTH, Kersten Sven (2012): Das politische Liedermacherlied vor, während und nach 1968 – zur Modellierung dynamischer Textsorten-Diskurs-Relationen. In: Kämper, Heidrun/Scharloth, Joachim/Wengeler,

Martin (Hrsg.): „1968". Eine sprachwissenschaftliche Zwischenbilanz. Berlin/Boston: de Gruyter, S. 163–199. (= Sprache und Wissen 6)

SCHARLOTH, Joachim (2011): 1968. Eine Kommunikationsgeschichte. Paderborn: Fink.

SCHLOSSER, Horst Dieter (2007): Unwort-Kritik als angewandte Linguistik. In: Aptum. Zeitschrift für Sprachkritik und Sprachkultur 1(3), S. 24–31.

SCHMITZ, Ulrich (2001): Die Tübinger Flugblätter des Sommersemesters 1968. In: Dieckmannshencke, Hajo/Meißner, Iris (Hrsg.): Politische Kommunikation im historischen Wandel. Tübingen: Stauffenburg, S. 289–307.

SCHNOZ, Monika (2012): Die Wandzeitungen des Sechstagerennens. Zur kommunikativen Funktion eines alternativen Mediums. In: Kämper, Heidrun/Scharloth, Joachim/Wengeler, Martin (Hrsg.): „1968". Eine sprachwissenschaftliche Zwischenbilanz. Berlin/Boston: de Gruyter, S. 245–255. (= Sprache und Wissen 6)

STEDJE, Astrid (1989): Deutsche Sprache gestern und heute: München: Fink.

Steger, Hugo (1983): Sprache im Wandel. In: Benz, Wolfgang (Hrsg.): Die Bundesrepublik Deutschland. Geschichte in drei Bänden (Politik, Gesellschaft, Kultur). Frankfurt/M.: Fischer, S. 15–46.

STÖTZEL, Georg/WENGELER, Martin u. a. (1995): Kontroverse Begriffe: Geschichte des öffentlichen Sprachgebrauchs in der Bundesrepublik Deutschland. Berlin: de Gruyter.

VAN DETH, Jan W. (1997): Formen konventioneller politischer Partizipation. Ein neues Leben alter Dinosaurier? In: Gabriel, Oscar W. (Hrsg.): Politische Orientierungen und Verhaltensweisen im vereinigten Deutschland. Opladen: Leske & Budrich, S. 291–319.

WEIGT, Peter (1968): Revolutions-Lexikon. Taschenbuch der ausserparlamentarischen Aktion. München: Bärmeier & Nikel.

WEISS, Andreas von (1974): Schlagwörter der neuen Linken: die Agitation der Sozialrevolutionäre. München: Olzog.

WENGELER, Martin (2017): 1968. In: Niehr, Thomas/Kilian, Jörg/Wengeler, Martin (Hrsg.): Handbuch Sprache und Politik. Band 3. Bremen: Hempen, S. 1036–1056. (= Sprache – Politik – Gesellschaft; 21.3)

WENGELER, Martin (2013): Unwörter. Eine medienwirksame Kategorie zwischen linguistisch begründeter und populärer Sprachkritik. In: Dieckmannshenke, Hajo/Niehr, Thomas (Hrsg.): Öffentliche Wörter. Analysen zum öffentlichen Sprachgebrauch. Stuttgart: ibidem, S. 13–31. (= Perspektiven Germanistischer Linguistik; 9)

WENGELER, Martin (2002): ‚1968‘, öffentliche Sprachsensibilität und political correctness. Sprachgeschichtliche und sprachkritische Anmerkungen. In: Muttersprache, 112, S. 1–14.

WOLFF, Gerhart (1994): Deutsche Sprachgeschichte. Ein Studienbuch. 3. Aufl. Tübingen/Basel: Francke.

B. BIBLIOGRAFISCHER TEIL

1. Quellen, biografische Notizen, Erinnerungen

1. ADORNO, Theodor W. (1950): Studien zum autoritären Charakter. Frankfurt/M.: Suhrkamp.

2. ADORNO, Theodor W. (1967): Diskussion über das Carlo-Schmid-go-in in Adornos Vorlesung über Ästhetik. In: Kraushaar, Wolfgang (Hrsg.) (2003): Frankfurter Schule und Studentenbewegung. Von der Flaschenpost zum Molotowcocktail. 1946 bis 1995. Band 2. Hamburg: Hamburger Edition Digital, S. 325–328.

3. AGNOLI, Johannes (1968a): Diskussionsbeitrag. In: Claussen, Detlev/Dermitzel, Regine (Hrsg.): Universität und Widerstand. Versuch einer Politischen Universität in Frankfurt. Frankfurt/M.: Europäische Verlagsanstalt, S. 55–61.

4. AGNOLI, Johannes (1968b): Autoritärer Staat und Faschismus. In: Claussen, Detlev/Dermitzel, Regine (Hrsg.): Universität und Widerstand. Versuch einer Politischen Universität in Frankfurt. Frankfurt a. M.: Europäische Verlagsanstalt, S. 45–52.

5. AUTORENKOLLEKTIV der Mitglieder der studentischen Seminars ‚Soziolinguistik' im Wintersemester 1969/70 an der Universität Bochum (1971): Sprachbarrieren: Beiträge zum Thema Sprache und Schichten. 4., unveränderte Aufl. Hamburg: Spartakus.

6. BECKER, Thomas/SCHRÖDER, Ute (2000): Die Studentenproteste der 60er Jahre. Archivführer, Chronik, Bibliographie. Köln/Weimar: Böhlau.

7. BERGMANN, Uwe/DUTSCHKE, Rudi/LEFÈVRE, Wolfgang/RABEHL, Bernd (1968): Rebellion der Studenten oder Die neue Opposition. Eine Analyse. Reinbek bei Hamburg: Rowohlt.

8. BERLINER EXTRADIENST (1968): Seminarbesetzung 29.5.1968. [www.infopartisan.net/archive/1967/266753b.html].

9. BRACHER, Karl-Dietrich (1967): Rede anläßlich der Trauerfeier des AStA der Universität Bonn am 9. Juni. In: Nevermann, Knut (Hrsg.) (1967): der 2. Juni 1967. Studenten zwischen Notstand und Demokratie. Dokumente zu den Ereignissen anlässlich des Schah-Besuchs. Herausgeben vom Verband Deutscher Studentenschaften. Köln: Pahl-Rugenstein, S. 43–46.

10. BRENTANO, Margherita von (1967): Diskussionsbeitrag. In: Wolff, Frank/Eberhard Windaus (Hrsg.) (1977): Studentenbewegung 1967–69: Protokolle und Materialien. Frankfurt/M.: Roter Stern. S. 31–32.

11. BRÜCKNER, Peter (1978): Thesen zur Diskussion der „Alternativen". In: Kraushaar, Wolfgang (Hrsg.): Autonomie oder Getto. Kontroversen über die Alternativbewegung. Frankfurt/M.: Neue Kritik, S. 68–85.

12. BRUNOTTE, Barbara (1973): Rebellion im Wort: Eine zeitgeschichtliche Dokumentation. Flugblatt und Flugschrift als Ausdruck jüngster Studentenunruhen. Frankfurt/M.: Dipa.

13. BUBENBERGER, Peter (1967): Rede anläßlich der Trauerfeier des AStA und der politischen Studentengruppe der Universität Köln am 7. Juni. In: Nevermann, Knut (Hrsg.) (1967): der 2. Juni 1967. Studenten zwischen Notstand und Demokratie. Dokumente zu den Ereignissen anlässlich des Schah-Besuchs. Herausgegeben vom Verband Deutscher Studentenschaften. Köln: Pahl-Rugenstein, S. 76–78.

14. BUNDESMINISTERIUM DES INNERN, Referat Öffentlichkeitsarbeit (1969): Die Studentenunruhen. Bonn: BdI. (= Zum Thema; 3)

15. CHAUSSY, Ulrich (1985): Die drei Leben des Rudi Dutschke: Eine Biographie. Ungekürzte, vom Autor überarbeitete Fassung. Frankfurt/M.: Fischer-Taschenbuch.

16. CHAUSSY, Ulrich (1999): Rudi Dutschke: Ein kurzes und doch nachhaltiges Leben. In: Geiger, Helmut/Roether, Armin (Hrsg.) Dutschke und Bloch: Zivilgesellschaft damals und heute. Mössingen: Talheimer, S. 22–37. (= Sammlung Kritisches Wissen 32)

17. CHAUSSY, Ulrich (2018): Rudi Dutschke. Die Biographie. München: Droemer.

18. CLAUSSEN, Detlev/DERMITZEL, Regine (Hrsg.) (1968): Universität und Widerstand. Versuch einer Politischen Universität in Frankfurt. Frankfurt/M.: Europäische Verlagsanstalt.

19. COHN-BENDIT, Daniel (1975): Der große Basar. München: Trikont.

20. COHN-BENDIT, Daniel (2001): Wir haben sie so geliebt, die Revolution. Berlin: Philo.

21. COHN-BENDIT, Daniel/DAMMANN, Rüdiger (Hrsg.) (2007): 1968. Die Revolte. Frankfurt/M.: Fischer.

22. DAMEROW, Peter (1968): Der nicht erklärte Notstand. Dokumentation und Analyse eines Berliner Sommers. In: Kursbuch 12, S. 1–184.

23. DELIUS, Friedrich Christian (2004): Mein Jahr als Mörder. Berlin: Rowohlt.

24. DITFURTH, Jutta (2007): Ulrike Meinhof. Die Biografie. Berlin: Ullstein.

25. DUTSCHKE, Rudi (1968c): Die geschichtlichen Bedingungen für den internationalen Emanzipationskampf. In: Dutschke, Rudi (1980): Geschichte ist machbar. Texte über das herrschende Falsche und die Radikalität des Friedens. Herausgegeben von Jürgen Miermeister. Berlin: Klaus Wagenbach, S. 105–121.

26. DUTSCHKE, Rudi [R. S.] (1967a): Zum Verhältnis von Organisation und Emanzipationsbewegung. In: Oberbaumblatt vom 12. Juni 1967. Nr. 5, S. 4.

27. DUTSCHKE, Rudi (1967b): ,Revolution 67 – Studentenulk oder Notwendigkeit?'. Podiumsdiskussion in Hamburg, 24. November 1967 mit Rudi Dutschke, Rudolf Augstein, Ralf Dahrendorf u. a. In: Dutschke, Rudi (1980b): Mein langer Marsch. Reden, Schriften und Tagebücher aus zwanzig Jahren. Herausgegeben von Gretchen Dutschke-Klotz/Hel-

mut Gollwitzer/Jürgen Miermeister. Reinbek bei Hamburg: Rowohlt, S. 15–17.

28. DUTSCHKE, Rudi (1980a): Mein langer Marsch. Reden, Schriften und Tagebücher aus zwanzig Jahren [hrsg.von Gretchen Dutschke-Klotz, Helmut Gollwitzer u. Jürgen Miermeister]. Reinbek bei Hamburg: Rowohlt.

29. DUTSCHKE, Rudi (1980b): Geschichte ist machbar. Berlin: Wagenbach.

30. DUTSCHKE, Rudi (2002): Diskussionsbeitrag. Münchner Konzil Der Subversiven Aktion, 25. April 1965. In: Böckelmann, Frank/Nagel, Herbert (Hrsg.): Subversive Aktion: Der Sinn der Organisation ist ihr Scheitern. Frankfurt/M.: Neue Kritik, S. 307–328.

31. DUTSCHKE, Rudi (2005): Jeder hat sein Leben ganz zu leben. Die Tagebücher 1963–1979 [hrsg. von Gretchen Dutschke]. Köln: Kiepenheuer & Witsch.

32. DUTSCHKE, Rudi (2008): Die Kunst des Aufstands. In: Blätter für deutsche und internationale Politik, no. 4, S. 59–69.

33. DUTSCHKE, Rudi (2018): Geschichte ist machbar. Texte über das herrschende Falsche und die Radikalität des Friedens. Mit einem Vorwort von Jürgen Miermeister. Berlin: Wagenbach.

34. ENZENSBERGER, Hans Magnus (1968): Berliner Gemeinplätze II. In: Kursbuch 13, S. 190–197.

35. FICHTER, Tilman/LÖNNENDONKER, Siegward (2007): Kleine Geschichte des SDS. Der Sozialistische Deutsche Studentenbund von Helmut Schmidt bis Rudi Dutschke. 4. Aufl. Essen: Klartext.

36. GROSSMANN, Heinz/NEGT, Oskar (Hrsg.) (1968): Die Auferstehung der Gewalt. Springerblockade und politische Reaktion in der Bundesrepublik. Frankfurt/M.: Europäische Verlagsanstalt.

37. HAAF, Susanne (2008): Quellen zur Protestgeschichte. Die digitale Edition „Der Zürcher Sommer 1968". In: Linke, Angelika/Scharloth, Joachim (Hrsg.): Der Zürcher Sommer 1968. Zwischen Krawall, Utopie und Bürgersinn. Zürich: NZZ Libro, S. 199–206.

38. HABERMAS, Jürgen (1967): Rede über die politische Rolle der Studentenschaft in der Bundesrepublik. In: Habermas, Jürgen (1969): Protestbewegung und Hochschulreform. Frankfurt/M.: Suhrkamp, S. 137–149.

39. HABERMAS, Jürgen (1968): Die Scheinrevolution und ihre Kinder. In: Habermas, Jürgen (1969): Protestbewegung und Hochschulreform. Frankfurt/M.: Suhrkamp , S. 188–201.

40. HABERMAS, Jürgen (1969): Protestbewegung und Hochschulreform. Frankfurt/M.: Suhrkamp.

41. HABERMAS, Jürgen (1979): Stichworte zur „Geistigen Situation der Zeit". Band 1: Nation und Republik. Frankfurt/M.: Suhrkamp.

42. HANNOVER, Heinrich (1999): Die Republik vor Gericht 1954–1974: Erinnerungen eines unbequemen Rechtsanwalts. Berlin: Aufbau.

43.   HÄSLER, Alfred A. (1976): Das Ende der Revolte. Aufbruch der Jugend 1968 und die Jahre danach. Zürich: Ex Libris.

44.   HAUBOLD, Hans-Joachim (1967): Vorwort. In: Nevermann, Knut (Hrsg.) (1967): der 2. Juni 1967. Studenten zwischen Notstand und Demokratie. Dokumente zu den Ereignissen anlässlich des Schah-Besuchs. Herausgegeben vom Verband Deutscher Studentenschaften. Köln: Pahl-Rugenstein, S. 5.

45.   HAUG, Wolfgang Fritz (1968): Der hilflose Antifaschismus. Zur Kritik der Vorlesungsreihen über Wissenschaft und NS an deutschen Universitäten. 4. Aufl. 1977. Köln: Pahl-Rugenstein.

46.   HEIDER, Ulrike (2001): Keine Ruhe nach dem Sturm. Hamburg: Rogner & Bernhard bei Zweitausendeins.

47.   HOFMEIER, Klaus (1968): Lieben Sie Establishment? Köln: Deutsche Industrieverlags-GmbH.

48.   HORKHEIMER, Max (1967): Brief an den Sozialistischen Deutschen Studentenbund, Gruppe Frankfurt. In: Kraushaar, Wolfgang (Hrsg.) (2003): Frankfurter Schule und Studentenbewegung. Von der Flaschenpost zum Molotowcocktail. 1946 bis 1995. Band 2. Hamburg: Hamburger Edition Digital, S. 231–232.

49.   HORKHEIMER, Max/ADORNO, Theodor W. (1971): Dialektik der Aufklärung. Philosophische Fragmente. Frankfurt/M.: Suhrkamp.

50.   HÜBSCH, Hadayatullah (1991): Keine Zeit für Trips. Autobiographischer Bericht. Frankfurt/M.: Koren & Debes.

51.   KAISER, Rolf-Ulrich (1970): Fabrikbewohner. Protokoll einer Kommune und 23 Trips. Düsseldorf: Droste.

52.   KLEIN, Hans-Joachim (1979): Rückkehr in die Menschlichkeit: Appell eines ausgestiegenen Terroristen. Reinbek bei Hamburg: Rowohlt.

53.   KNORR, Peter (1969): Stoppt die falschen Revolutionäre. Pardon 8, no. 4, S. 9–10.

54.   KOMMUNE 2 (1969): Versuch der Revolutionierung des bürgerlichen Individuums. Berlin: Oberbaum Presse.

55.   KOMMUNE I (1968): Quellen zur Kommuneforschung. [o. O.]

56.   KOPLIN, Raimund (1968): Sprachführer durch die Revolution. München: Hohn. KRAUSHAAR, Wolfgang (1977): Notizen zu einer Chronologie der Studentenbewegung. In: Mosler, Peter: Was wir wollten, was wir wurden. Studentenrevolte – zehn Jahre danach. Reinbek bei Hamburg: Rowohlt, S. 249–295.

57.   KRAHL, Hans-Jürgen (1968a): Römerbergrede. In: Konstitution und Klassenkampf. Zur historischen Dialektik von bürgerlicher Emanzipation und proletarischer Revolution. 3. Aufl. 1977. Frankfurt/M.: Neue Kritik, S. 149–154.

58. KRAHL, Hans-Jürgen (1968b): Antwort auf Jürgen Habermas. In: Konstitution und Klassenkampf. Zur historischen Dialektik von bürgerlicher Emanzipation und proletarischer Revolution. 3. Aufl. 1977. Frankfurt/M.: Neue Kritik, S. 242–245.

59. KRAHL, Hans-Jürgen (1968c): Diskussionsbeitrag zu „Autoritäten und Revolution". In: Kraushaar, Wolfgang (Hrsg.) (2003): Frankfurter Schule und Studentenbewegung. Von der Flaschenpost zum Molotowcocktail. 1946 bis 1995. Band 2. Hamburg: Hamburger Edition Digital, S. 460–463.

60. KRAHL, Hans-Jürgen (1971): Konstitution und Klassenkampf. Zur historischen Dialektik von bürgerlicher Emanzipation und proletarischer Revolution. 3. Aufl. 1977. Frankfurt/M.: Neue Kritik.

61. KRAUSHAAR, Wolfgang (1978a): Thesen zum Verhältnis von Alternativ- und Fluchtbewegung. Am Beispiel der frankfurter scene. In: Kraushaar, Wolfgang (Hrsg.): Autonomie oder Getto? Kontroversen über die Alternativbewegung. Frankfurt/M.: Neue Kritik, S. 8–67.

62. KRAUSHAAR, Wolfgang (1978b): Eine Schwalbe macht noch keinen Sommer. Die Reduktion der Alternativbewegung auf ihre Projekte. Eine Diskussion mit Daniel Cohn-Bendit. In: Kraushaar, Wolfgang (Hrsg.): Autonomie oder Getto? Kontroversen über die Alternativbewegung. Frankfurt/M.: Neue Kritik, S. 187–209.

63. KRAUSHAAR, Wolfgang (1998a): 1968. Das Jahr, das alles verändert hat. München/Zürich: Piper.

64. KRAUSHAAR, Wolfgang (1998b): Wie über 1968 schreiben? In: Dinné, Olaf/Grünwaldt, Jochen/Kuckuk, Peter (Hrsg.): 68 in Bremen. Anno dunnemals. Bremen: WMIT, S. 391–398.

65. KRAUSHAAR, Wolfgang (2001c): Fischer in Frankfurt. Karriere eines Außenseiters. Hamburg: Hamburger Edition.

66. KRAUSHAAR, Wolfgang (2008): Achtundsechzig. Eine Bilanz. Berlin: Propyläen.

67. KRAUSHAAR, Wolfgang (2018): 1968. 100 Seiten. Stuttgart: Reclam.

68. KRAUSHAAR, Wolfgang (Hrsg.) (2003): Frankfurter Schule und Studentenbewegung. Von der Flaschenpost zum Molotowcocktail 1946 bis 1995. Bd. 1–3. Hamburg: Hamburger Edition Digital.

69. KRAUSHAAR, Wolfgang (Hrsg.) (2008): Die RAF. Entmythologisierung einer terroristischen Organisation. Bonn: Bundeszentrale für politische Bildung.

70. KRAUSHAAR, Wolfgang/WIELAND, Karin/REEMTSMA, Jan Philipp (2005): Rudi Dutschke, Andreas Baader und die RAF. Hamburg: Hamburger Edition.

71. KRIPPENDORFF, Ekkehart (1967): Anleitung zum Handeln. Taktik direkter Aktionen. Aus dem Amerikanischen von Ekkehart Krippendorff. Mit zwei schematischen Darstellungen. Berlin: Oberbaumpresse und Voltaire.

72.   KRIPPENDORF, Ekkehart (1968): Zum Verhältnis zwischen Inhalt und Form von Demonstrationstechniken. In: Negt, Oskar (Hrsg.): Die Linke antwortet Habermas. Herausgegeben von der Europäischen Verlagsanstalt. Frankfurt/M.: Europäische Verlagsanstalt, S. 162–175.

73.   KUNZELMANN, Dieter (1998): Leisten sie keinen Widerstand! Bilder aus meinem Leben. Berlin: Transit.

74.   KURZ, Gerda (1978): Alternativ leben? Zur Theorie und Praxis der Gegenkultur. Berlin: Ahde.

75.   KUSCHEL, Hedda (2002): „Militanz war ein Teil meines Lebensgefühls." Gratwanderung zwischen Kindern, Drogen und Politik. In: Kätzel, Ute: Die 68erinnen. Porträt einer rebellischen Frauengeneration. Berlin: Rowohlt, S. 121–138.

76.   LÄMMERT, Eberhard (1968): Brandstiftung durch Flugblätter? Ein Gutachten. In: Sprache im technischen Zeitalter, S. 321–329.

77.   LANGHANS, Rainer (2008): Ich bin's. Die ersten 68 Jahre. München: Blumenbar.

78.   LANGHANS, Rainer/TEUFEL, Fritz (1968): Klau mich. Strafprozeßordnung der Kommune I. Frankfurt/M.: Edition Voltaire. (= Voltaire-Handbuch; 2)

79.   MARCUSE, Herbert (1967): Der eindimensionale Mensch. Studien zur Ideologie der fortgeschrittenen Industriegesellschaft. Darmstadt: Luchterhand.

80.   MARCUSE, Herbert (1969): Ist Sozialismus obszön? In: KONKRET 2.6.1969, S. 20–23.

81.   MARCUSE, Herbert (1984 [1969]): Versuch über die Befreiung. In: Marcuse, Herbert: Schriften. Band 8. Frankfurt/M.: Suhrkamp.

82.   MICHEL, Karl Markus (1969): Herrschaftsfreie Institutionen? Sieben Thesen über die Unmöglichkeit des Möglichen. In: Kursbuch 19, S. 163–193.

83.   MÜLLER, Lars/ARCHIV SOZIALE BEWEGUNGEN/STADTARCHIV FREIBURG (Hrsg.) (2003): Gleich wird's grün. Freiburger Fahrpreiskämpfe 1968. Freiburg im Breisgau: Fritz. (= Materialien zur Protestgeschichte; 2)

84.   NEGT, Oskar (1967): „Benno Ohnesorg ist das Opfer eines Mordanschlags." Kundgebung auf dem Frankfurter Römerberg. In: Kraushaar, Wolfgang (Hrsg.) (2003): Frankfurter Schule und Studentenbewegung. Von der Flaschenpost zum Molotowcocktail. 1946 bis 1995. Band 2. Hamburg: Hamburger Edition Digital, S. 241–244.

85.   NEGT, Oskar (1968a): Studentischer Protest – Liberalismus – „Linksfaschismus". In: Kursbuch 13, S. 179–189.

86.   NEGT, Oskar (1968b): Einleitung. In: Negt, Oskar (Hrsg.): Die Linke antwortet Habermas. Herausgegeben von der Europäischen Verlagsanstalt. Frankfurt/M.: Europäische Verlagsanstalt.

87.   NEGT, Oskar (1968c): Politik und Gewalt. In: neue kritik 47, S. 10–23.

88.   NEGT, Oskar (1971): Politik als Protest. Reden und Aufsätze zur anti-
      autoritären Bewegung. Frankfurt/M.: Agit-Buch-Vertrieb.

89.   NEVERMANN, Knut (1967): Einführung. In: Nevermann, Knut (Hrsg.)
      (1967): der 2. Juni 1967. Studenten zwischen Notstand und Demokra-
      tie. Dokumente zu den Ereignissen anlässlich des Schah-Besuchs. He-
      rausgegeben vom Verband Deutscher Studentenschaften. Köln: Pahl-
      Rugenstein, S. 6–11.

90.   OFFE, Claus (1968a): Die pazifizierte Demokratie. Rezension des Ban-
      des „Die Transformation der Demokratie". In: Kraushaar, Wolfgang
      (Hrsg.) (2003): Frankfurter Schule und Studentenbewegung. Von der
      Flaschenpost zum Molotowcocktail. 1946 bis 1995. Band 2. Hamburg:
      Hamburger Edition Digital, S. 370–371.

91.   OFFE, Claus (1968b): Kapitalismus – Analyse als Selbsteinschüchte-
      rung. In: Negt, Oskar (Hrsg.): Die Linke antwortet Habermas. Heraus-
      gegeben von der Europäischen Verlagsanstalt. Frankfurt/M.: Europäi-
      sche Verlagsanstalt, S. 106–112.

92.   REGEHR, Elke (2002): Die Zerreißprobe zwischen Kunst und Politik. In:
      Kätzel, Ute: Die 68erinnen. Porträt einer rebellischen Frauengenera-
      tion. Berlin: Rowohlt, S. 81–99.

93.   REICHE, Reimut (1968): Hat der autoritäre Staat der BRD eine Massen-
      basis? In: Claussen, Detlev/Dermitzel, Regine (Hrsg.) (1968): Universi-
      tät und Widerstand. Versuch einer Politischen Universität in Frankfurt.
      Frankfurt/M.: Europäische Verlagsanstalt, S. 21–33.

94.   REICHE, Reimut/GÄNG, Peter (1967): Vom antikapitalistischen Protest
      zur sozialistischen Politik. In: neue kritik 41, S. 17–35.

95.   ROTAPRINT 25 (Hrsg.) (2006): Agit 883. Bewegung, Revolte, Under-
      ground in Westberlin 1969–1972. Buch mit CD sämtlicher Ausgaben
      der Agit 883. Berlin: Assoziation A.

96.   RUETZ, Michael (1980): „Ihr müßt diesen Typen nur ins Gesicht sehen"
      – APO Berlin 1966–1969. Frankfurt/M.: Zweitausendeins.

97.   RUETZ, Michael (1997): 1968 – Ein Zeitalter wird besichtigt. 323 Photo-
      graphien mit Texten von Rolf Sachsse, Henryk M. Broder und Michael
      Ruetz. Frankfurt/M.: Zweitausendeins.

98.   SANDER, Hartmut/CHRISTIANS, Ulrich (Hrsg.) (1969): Subkultur Berlin.
      Selbstdarstellung, Text-, Ton-, Bilddokumente. Esoterik der Kommu-
      nen, Rocker, subversiven Gruppen. Darmstadt: März.

99.   SCHNEIDER, Peter (1969): Die Phantasie im Spätkapitalismus und die
      Kulturrevolution. In: Kursbuch 16 (1969), S. 1–37.

100. SCHNEIDER, Peter (2008): Rebellion und Wahn. Mein '68. Eine autobio-
      graphische Erzählung. Köln: Kiepenheuer & Witsch.

101. SCHULENBURG, Lutz (Hrsg.) (1998): Das Leben ändern, die Welt verän-
      dern: 1968. Dokumente und Berichte. Hamburg: Edition Nautilus.

102. SDS (1967): Offener Brief an Max Horkheimer. In: Kraushaar, Wolf-
      gang (Hrsg.) (2003): Frankfurter Schule und Studentenbewegung. Von
      der Flaschenpost zum Molotowcocktail. 1946 bis 1995. Band 2. Ham-
      burg: Hamburger Edition Digital, S. 230–231.

103. SDS (1968): Redebeitrag des SDS für die Kundgebung vom 14.12.1968.
      In: neue kritik 51/52, S. 115–119.

104. SDS (1969): Die neue Radikalität. In: neue kritik 51/52, S. 3–9.

105. SEELIGER, Rolf (Hrsg.) (1968): Die außerparlamentarische Opposition.
      München: Verlag Rolf Seeliger.

106. SIEPMANN, Eckehard/LUSK, Irene/HOFTRETER, Jürgen/SCHMIDT, Maruta/
      DIETZ, Gabi (Hrsg.) (1986): Heiss und Kalt. Die Jahre 1945–69. Das Bil-
      derLeseBuch. Berlin: Elefanten Press.

107. Sievers, Rudolf (Hrsg.) (2008): 1968 – Eine Enzyklopädie. Frank-
      furt/M.: Suhrkamp.

108. STECKEL, Ronald (1969): Bewusstseinserweiternde Drogen. Eine Auf-
      forderung zur Diskussion. Herausgegeben von der Projektgruppe Edi-
      tion Voltaire. West-Berlin: Edition Voltaire.

109. STUTZ, Ursula (2008): Der Zürcher Sommer 1968: Die Chronologie der
      Ereignisse. In: Linke, Angelika/Scharloth, Joachim (Hrsg.): Der Zür-
      cher Sommer 1968. Zwischen Krawall, Utopie und Bürgersinn. Zürich:
      NZZ Libro, S. 39–56.

110. SZONDI, Peter (1968): Aufforderung zur Brandstiftung? Ein Gutach-
      ten im Prozeß Langhans/Teufel. In: Sprache im technischen Zeitalter,
      S. 329–338.

111. TAUBES, Jakob (1967): Surrealistische Provokation. Ein Gutachten zur
      Anklageschrift im Prozess Langhans-Teufel über die Flugblätter der
      Kommune I. In: Merkur 21, S. 1069–1079.

112. TIEDEMANN, Rolf (1967): Dr. Rolf Tiedemann vor Berliner Studenten.
      In: Nevermann, Knut (Hrsg.) (1967): der 2. Juni 1967. Studenten zwi-
      schen Notstand und Demokratie. Dokumente zu den Ereignissen an-
      lässlich des Schah-Besuchs. Herausgegeben vom Verband Deutscher
      Studentenschaften. Köln: Pahl-Rugenstein Verlag, (1967), S. 39–43.

113. VIETT, Inge (1999): Nie war ich furchtloser: Autobiographie. Reinbek
      bei Hamburg: Rowohlt Taschenbuch-Verlag.

114. WINKLER, Hans-Joachim (Hrsg.) (1968): Das Establishment antwortet
      der APO. Eine Dokumentation. Opladen: Leske.

115. WOLFF, Frank/WINDAUS, Eberhard (1977): Studentenbewegung 1967–
      69: Protokolle und Materialien. Frankfurt/M.: Verlag Roter Stern.

116. WOLFF, Karl Dietrich (1968): Unser Widerstand beginnt erst. Rede vom
      11. Mai.
      [http://www.infopartisan.net/archive/1967/266753c.html].

117.   ZUM RICHTIGEN GEBRAUCH (1967): Zum richtigen Gebrauch der Begriffe – Wissenschaftliche Stellungnahme von 18 Assistenten und Mitarbeitern der Fächer Soziologie und Philosophie zu Äußerungen des Rektors. In: Kraushaar, Wolfgang (Hrsg.) (2003): Frankfurter Schule und Studentenbewegung. Von der Flaschenpost zum Molotowcocktail. 1946 bis 1995. Band 2. Hamburg: Hamburger Edition Digital, S. 322–323.

2. Theoretischer Zugriff

2.1 Pragmatischer und sprachgebrauchsorientierter Zugriff

118. BESCH, Werner (1996): Duzen, Siezen, Titulieren: Zur Anrede im Deutschen heute und gestern. Göttingen: Vandenhoeck & Ruprecht. (= Kleine Vandenhoeck-Reihe 1578)

119. BESCH, Werner (2003): Anredeformen des Deutschen im geschichtlichen Wandel. In: Besch, Werner/Betten, Anne/Reichmann, Oskar/Sonderegger, Stefan (Hrsg.): Sprachgeschichte. Ein Handbuch zur Geschichte der deutschen Sprache und ihrer Erforschung. 2. vollst. neu bearb. u. erw. Aufl. Berlin/New York: de Gruyter, S. 2599–2628. (= Handbücher zur Sprach- und Kommunikationswissenschaft; Band 2/3)

120. BOESCH, Bruno (1971): Die Sprache der studentischen Opposition. In: Einst und Jetzt 16 (1971), S. 7–17.

121. BOESCH, Bruno (1972): Die Sprache des Protestes. In: Schlemmer, Johannes (Hrsg.): Sprache – Brücke und Hindernis. 23 Beiträge nach einer Sendereihe des „Studio Heidelberg" des Süddeutschen Rundfunks. München: Piper, S. 261–272.

122. BRAUN, Peter (1979): Tendenzen in der deutschen Gegenwartssprache. Stuttgart: W. Kohlhammer. (= Urban-Taschenbücher 297)

123. BUBENHOFER, Noah/SCHARLOTH, Joachim (2012): Stil als Kategorie der soziopragmatischen Sprachgeschichte: Korpusgeleitete Zugänge zur Sprache der 68er-Bewegung. In: Maitz, Péter (Hrsg.): Historische Sprachwissenschaft. Erkenntnisinteressen, Grundlagenprobleme, Desiderate. Berlin/Boston: de Gruyter, S. 227–261. (= Studia Linguistica Germanica; 110)

124. CZUBAYKO, Astrid (1991): Der Zusammenhang von Sprache und Erfahrung. Am Beispiel der Konventionalität der Verständigung in Studenten- und Alternativbewegung. Wuppertal: Dissertation Universität-Gesamthochschule Wuppertal.

125. CZUBAYKO, Astrid (1997): Die Sprache von Studenten- und Alternativbewegung. Aachen: Shaker.

126. GÄTJE , Olaf (2012): Zur Metaphorik akademischer und avantgardistischer Sprachkritik um 1968 oder das Bemühen, „eindimensionale Denk- und Sprachformen aufzusprengen und die Vieldimensionalität konkreter Wirklichkeit zu zeigen". In: Kämper, Heidrun/Scharloth, Joachim/Wengeler, Martin (Hrsg.): „1968". Eine sprachwissenschaftliche Zwischenbilanz. Berlin/New York: de Gruyter, S. 357–371. (= Sprache und Wissen 6)

127. HAHN, Silke (1995): Halbstarke, Hippies und Hausbesetzer. Die Sprache und das Bild der Jugend in der öffentlichen Betrachtung. In: Stötzel, Georg/Wengeler, Martin u.a.: Kontroverse Begriffe: Geschichte des öffentlichen Sprachgebrauchs in der Bundesrepublik Deutschland. Berlin: de Gruyter, S. 211–243.

128. HENNE, Helmut (2009): Jugend und ihre Sprache. Darstellung, Materialien, Kritik. 2. Aufl. Hildesheim (u. a.): Olms.

129. HENNE, Helmut/OBJARTEL, Georg (Hrsg.) (1984): Bibliothek zur historischen deutschen Studenten- und Schülersprache. 6 Bde. Berlin/New York: de Gruyter.

130. HERMANNS, Fritz (2001): 1968 ff. Spracherinnerungen und Sprachimpressionen. In: Ott, Ulrich/Luckscheiter, Roman (Hrsg.) : Belles lettres/ Graffiti. Soziale Phantasien und Ausdrucksformen der Achtundsechziger. Göttingen: Wallstein, S. 91–93.

131. HINRICHS, Uwe (1984): Studentensprache, Spontisprache. In: Muttersprache 94/1983–84, S. 404–416.

132. HOFFMANN, Rainer (1980): Verfall eines Idioms. Bemerkungen zum Sprachbild und zur Denkform Theodor W. Adornos. In: Wirkendes Wort, 30 (1980) 3, S. 178–206.

133. JÄGER, Siegfried (1970): Linke Wörter. Einige Bemerkungen zur Sprache der APO. In: Muttersprache 80, S. 85–107.

134. KÄMPER, Heidrun (2012): Aspekte des Demokratiediskurses der späten 1960er Jahre. Konstellationen – Kontexte – Konzepte. Berlin/New York: de Gruyter.

135. KILIAN, Jörg (2012): Gewaltsamkeiten: Studenten, ihre Sprache und die Eskalation eines Themas zwischen akademischem Diskurs und Straßenkampf. In: Kämper, Heidrun/Scharloth, Joachim/Wengeler, Martin (Hrsg.): „1968". Eine sprachwissenschaftliche Zwischenbilanz. Berlin/ New York: de Gruyter, S. 287–305. (= Sprache und Wissen 6)

136. SCHARLOTH, Joachim (2015): Der Sprachgebrauch der ‚1968er'. Antirituale und Informalisierung. In: Neuland, Eva (Hrsg.): Sprache der Generationen. 2., aktualisierte Aufl. Frankfurt/M. u. a.: Lang, S. 207–226. (= Sprache – Kommunikation – Kultur; 12)

137. NAIL, Norbert (2018): „1968" im studentischen Sprachgebrauch. Spurensuche an der Philipps-Universität Marburg. In: Studenten-Kurier 1/18, S. 5–7.

138. ZAUGG, Peter (2012): Die Zürcher Untergrundzeitschrift „Hotcha!" – Subkultureller Stil im multimodalen Kontext. In: Kämper, Heidrun/ Scharloth, Joachim/Wengeler, Martin (Hrsg.): „1968". Eine sprachwissenschaftliche Zwischenbilanz. Berlin/New York: de Gruyter, S. 135– 161. (= Sprache und Wissen 6)

2.2 (Diskurs-)Lexikografie, Semantik, Sprachgeschichte

139. BAUSINGER, Hermann (1979): Sie oder Du? Zum Wandel der pronominalen Anrede im Deutschen. In: Ezawa, Kennosuke/Rensch, Karl H./ Bethge, Wolfgang (Hrsg.): Sprache und Sprechen. Festschrift Für Eberhard Zwirner zum 80. Geburtstag. Tübingen: Niemeyer, S. 3–11.

140. BAYER, Klaus (1979): Die Anredepronomina Du und Sie – Thesen zu einem semantischen Konflikt im Hochschulbereich. In: Deutsche Sprache 3 (1979), S. 212–19.

141. BESCH, Werner (1996): Duzen, Siezen, Titulieren: Zur Anrede im Deutschen heute und gestern. Göttingen: Vandenhoeck & Ruprecht. (= Kleine Vandenhoeck-Reihe 1578)

142. BESCH, Werner (2003): Anredeformen des Deutschen im geschichtlichen Wandel. In: Besch, Werner/Betten, Anne/Reichmann, Oskar/Sonderegger, Stefan (Hrsg.): Sprachgeschichte. Ein Handbuch zur Geschichte der deutschen Sprache und ihrer Erforschung. 2. vollst. neu bearb. u. erw. Aufl. Berlin/New York: de Gruyter, S. 2599–2628. (= Handbücher zur Sprach- und Kommunikationswissenschaft; Band 2/3)

143. BOEHNCKE, Heiner (1983): Klasse, Körper, Kopfarbeit: Lexikon linker Gemeinplätze. Reinbek bei Hamburg: Rowohlt.

144. BUREL, Simone (2013): Politische Lieder der 68er – Eine linguistische Analyse kommunikativer Texte. Hrsg. v. Institut für deutsche Sprache, Mannheim. (= amades 46)

145. DIETZ, Heinrich (1975): Rote Semantik. In: Kaltenbrunner, Gerd-Klaus (Hrsg.): Sprache und Herrschaft. Die umfunktionierten Wörter. Freiburg/Basel/Wien: Herder, S. 20–43.

146. KÄMPER, Heidrun (2012b): Der Faschismusdiskurs 1967/68. Semantik und Funktion. In: Kämper, Heidrun/Scharloth, Joachim/Wengeler, Martin (Hrsg.): „1968". Eine sprachwissenschaftliche Zwischenbilanz. Berlin/Boston: de Gruyter, S. 259–285. (= Sprache und Wissen 6)

147. KÄMPER, Heidrun (2013): Wörterbuch zum Demokratiediskurs 1967/68. Unter Mitwirkung von Elisabeth Link. Berlin: Akademie.

148. KÄMPER, Heidrun/SCHARLOTH, Joachim/WENGELER, Martin (2012a): Einleitung. In: Kämper, Heidrun/Scharloth, Joachim/Wengeler, Martin (Hrsg.): „1968". Eine sprachwissenschaftliche Zwischenbilanz. Berlin/New York: de Gruyter, S. 1–25. (= Sprache und Wissen 6)

149. KÄMPER, Heidrun/SCHARLOTH, Joachim/WENGELER, Martin (Hrsg.) (2012b): „1968". Eine sprachwissenschaftliche Zwischenbilanz. Berlin/New York: de Gruyter. (= Sprache und Wissen; 6)

150. KÖHLER, Peter (1998): Parteichinesisch. In: Landgrebe, Christiane/Plath, Jörg (Hrsg.): 68 und die Folgen. Ein unvollständiges Lexikon. Berlin: Argon, S. 87–91.

151. KOPLIN, Raimund (1968): Sprachführer durch die Revolution. München: Hohn.

152. KOPPERSCHMIDT, Josef (2000): 1968 oder die „Lust am Reden". Über die revolutionären Folgen einer Scheinrevolution. In: Muttersprache 110, S. 1–11.

153. KOPPERSCHMIDT, Josef (2001): ‚La Prise de la Parole' oder Über den Versuch der Befreiung des Wortes. In: Ott, Ulrich/Luckscheiter, Roman

(Hrsg.): Belles lettres/Graffiti. Soziale Phantasien und Ausdrucksformen der Achtundsechziger. Göttingen: Wallstein, S. 95–113.

154.   KREUSSLER, Fabian/RÖMER, David/WENGELER, Martin (2014): Umbruch- und Krisensemantik nach 1970 am Beispiel von Wirtschaftskrisen und Protestbewegungen. Unveröffentl. Projektantrag Trier.

155.   LEINEWEBER, Bernd/SCHIBEL, Karl-Ludwig (1978): ‚Die Alternativbewegung': Ein Beitrag zu ihrer gesellschaftlichen Bedeutung und politischen Tragweite, ihren Möglichkeiten und Grenzen. In: Kraushaar, Wolfgang (Hrsg.): Autonomie oder Getto? Kontroversen über die Alternativbewegung. Frankfurt/M.: Neue Kritik, S. 95–128.

156.   MELL, Ruth M. (2014): Aufklärung im Protest. Ein diskurslinguistischer Vergleich der Aufklärungskonzepte von ‚1968' und der ‚Occupy-Wall-Street-Bewegung 2011 f.' In: Balint, Iuditha/Dingeldein, Hannah/Lämmle, Kathrin (Hrsg.): Protest, Empörung, Widerstand. Zur Analyse von Auflehnungsbewegungen Konstanz/München: UVK, S. 95–111.

157.   MELL, Ruth M. (2015): Vernunft, Mündigkeit, Agitation. Eine diskurslinguistische Untersuchung zur Generierung und Strukturierung von Wissen über das Konzept ‚AUFKLÄRUNG 1968'. Bremen: Hempen. (= Sprache – Politik – Gesellschaft 16)

158.   MELL, Ruth M. (2017): (GEGEN-)ÖFFENTLICHKEIT als politikkritisches Konzept im Protestdiskurs 1968 und in Diskursen des 21. Jahrhunderts. In: Kämper, Heidrun/Wengeler, Martin (Hrsg.): Protest – Parteienschelte – Politikverdrossenheit. Politikkritik in der Demokratie. Bremen: Hempen, S. 25–40. (= Sprache – Politik – Gesellschaft 20)

159.   MOSER, Hugo (1985): Die Entwicklung der deutschen Sprache seit 1945. In: Besch, Werner/Reichmann, Oskar/Sonderegger, Stefan (Hrsg.): Sprachgeschichte. Ein Handbuch zur Geschichte der deutschen Sprache und ihrer Erforschung. Berlin/New York: de Gruyter, S. 1678–1707. (= Handbücher zur Sprach- und Kommunikationswissenschaft, Band 2/2)

160.   MÜLLER, Nicole (2012): „Alltagsroutine gibt es bei uns nicht!" Zum Verhältnis von Sprachwandel und Gesellschaftskritik. In: Kämper, Heidrun/Scharloth, Joachim/Wengeler, Martin (Hrsg.): „1968". Eine sprachwissenschaftliche Zwischenbilanz. Berlin/New York: de Gruyter, S. 83–111.

161.   POLENZ, Peter von (1999): Deutsche Sprachgeschichte vom Spätmittelalter bis zur Gegenwart. Band 3: 19./20. Jahrhundert. Berlin/New York: de Gruyter.

162.   SCHANK, Gerd/SCHWITALLA, Johannes (2001): Ansätze neuer Gruppen- und Sondersprachen seit der Mitte des 20. Jahrhunderts. In: Besch, Werner/Betten, Anne/Reichmann, Oskar/Sonderegger, Stefan (Hrsg.): Sprachgeschichte. Ein Handbuch zur Geschichte der deutschen Sprache und ihrer Erforschung. 2. Teilband. 2. vollständig neu bearb. und erw. Aufl. Berlin/New York: de Gruyter, S. 1999–2008. (= Handbücher zur Sprach- und Kommunikationswissenschaft 2/2)

163. SCHARLOTH, Joachim (2007a): 1968 und die Unordnung in der Sprache. Kommunikationsstrukturelle und sozialstilistische Untersuchungen. In: Pappert, Steffen (Hrsg.): Die (Un)Ordnung des Diskurses. Leipzig: Leipziger Universitätsverlag, S. 11–36.

164. SCHARLOTH, Joachim (2007b): Die Sprache der Revolte. Linke Wörter und avantgardistische Kommunikationsstile. In: Klimke, Martin/Scharloth, Joachim (Hrsg.): 1968. Handbuch zur Kultur- und Mediengeschichte der Studentenbewegung. Stuttgart: Metzler, S. 223–234.
SCHARLOTH, Joachim (2007c): Ritualkritik und Rituale des Protest. Die Entdeckung des Performativen in der Studentenbewegung der 1960er Jahre. In: Klimke, Martin/Scharloth, Joachim (Hrsg.): 1968. Handbuch zur Kultur- und Mediengeschichte der Studentenbewegung. Stuttgart: Metzler, S. 75–87.

165. SCHARLOTH, Joachim (2008): Kommunikationsguerilla 1968. Strategien der Subversion symbolischer Ordnung in der Studentenbewegung. In: Kutschke, Beate (Hrsg.): Musikkulturen in der Revolte. Stuttgart: Franz Steiner. S. 187–196.

166. SCHARLOTH, Joachim (2011): 1968. Eine Kommunikationsgeschichte. Paderborn: Fink.

167. SCHARLOTH, Joachim (2012): Von der Informalität zum doing buddy. „1968" in der Sprachgeschichte des Deutschen. In: Kämper, Heidrun/Scharloth, Joachim/Wengeler, Martin (Hrsg.): „1968". Eine sprachwissenschaftliche Zwischenbilanz. Berlin/New York: de Gruyter, S. 27–54. (= Sprache und Wissen 6)

168. SCHARLOTH, Joachim (2014): Revolution in a Word. A communicative history of discussion in the German 1968 protest movement. In: Gilcher-Holtey, Ingrid (Hrsg.): A Revolution of Perception? Consequences and Echoes of 1968. New York/Oxford: Berghahn Books, S. 162–183.

169. SCHARLOTH, Joachim/LINKE, Angelika (2008): Der Zürcher Sommer 1968 – Ein Vorwort zu Buch und digitaler Edition. In: Linke, Angelika/Scharloth, Joachim (Hrsg.): Der Zürcher Sommer 1968. Zwischen Krawall, Utopie und Bürgersinn. Zürich: NZZ Libro, S. 7–9.

170. SCHNAUBER, Cornelius (1973): Wie diskutiere ich mit Linksideologen? 18 Gesichtspunkte und 15 Grundsätze. Herausgegeben vom RCDS-Bundesvorstand, Herford: RCDS.

171. SCHNEIDER, Franz (1993): Sprache. In: Schneider, Franz (Hrsg.): Dienstjubiläum einer Revolte. ‚1968' und 25 Jahre. München: Hase & Koehler, S. 71–79.

172. STEGER, Hugo (1983): Sprache im Wandel. In: Benz, Wolfgang (Hrsg.): Die Bundesrepublik Deutschland. Geschichte in drei Bänden. Band 3 (Politik, Gesellschaft, Kultur). Frankfurt/M.: Fischer, S. 15–46.

173. STEGER, Hugo (1986): Zur Frage einer Neukonzeption der Wortgeschichte der Neuzeit. In: Polenz, Peter von/Erben, Johannes/Goossens, Jan (Hrsg.): Sprachnormen: lösbare und unlösbare Probleme/Kontro-

versen um die neuere deutsche Sprachgeschichte/Dialektologie und Soziolinguistik: Die Kontroverse um die Mundartforschung. Tübingen: Niemeyer, S. 203–209. (= Kontroversen, alte und neue; 4)

174.   STEGER, Hugo (1989): Sprache im Wandel. In: Sprache und Literatur in Wissenschaft und Unterricht 20, S. 3–31.

175.   STÖTZEL, Georg (1995): 1968 als sprachgeschichtliche Zäsur. In: Sprache und Literatur in Wissenschaft und Unterricht 26, H. 75/76, S. 132–146.

176.   STÖTZEL, Georg/WENGELER, Martin u. a. (1995): Kontroverse Begriffe. Geschichte des öffentlichen Sprachgebrauchs in der Bundesrepublik Deutschland. Berlin/New York: de Gruyter. (= Sprache, Politik, Öffentlichkeit; 4)

177.   STRASSNER, Erich (1992): 1968 und die sprachlichen Folgen. In: Emig, Dieter/Hüttig, Christoph/Raphael, Lutz (Hrsg.): Sprache und politische Kultur. Hans Gerd Schumann zum Gedenken. Frankfurt/M.: Lang, S. 241–260.

178.   STRAUSS, Gerhard/HASS-ZUMKEHR, Ulrike/HARRAS, Gisala (1989): Brisante Wörter von Agitation bis Zeitgeist. Ein Lexikon zum öffentlichen Sprachgebrauch. Berlin: de Gruyter. (= Schriften des Instituts für Deutsche Sprache; 2)

179.   WEISS, Andreas von (1974): Schlagwörter der Neuen Linken. Die Agitation der Sozialrevolutionäre. München: Olzog. (= Geschichte und Staat; 179/180)

180.   WEIGT, Peter (1968): Revolutions-Lexikon. Taschenbuch der ausserparlamentarischen Aktion. Frankfurt/M.: Bärmeier & Nikel.

181.   WENGELER, Martin (1995): ,1968' als sprachgeschichtliche Zäsur. In: Stötzel, Georg/Wengeler, Martin u. a.: Kontroverse Begriffe: Geschichte des öffentlichen Sprachgebrauchs in der Bundesrepublik Deutschland. Berlin: de Gruyter, S. 383–404.

182.   WENGELER, Martin (2002): „1968", öffentliche Sprachsensibilität und political correctness. Sprachgeschichtliche und sprachkritische Anmerkungen. In: Muttersprache 112, S. 1–14.

183.   WENGELER, Martin (2013): Die 68er Generation in der jüngsten Sprachgeschichte des Deutschen. In: Der Deutschunterricht H. 2/2013, S. 16–27.

184.   WENGELER, Martin (2017): 1968. In: Niehr, Thomas/Kilian, Jörg/Wengeler, Martin (Hrsg.): Handbuch Sprache und Politik. Band 3. Bremen: Hempen, S. 1036–1056. (= Sprache – Politik – Gesellschaft; 21.3)

2.3   Medien-, kommunikationswissenschaftlicher und kulturwissenschaftlicher Zugriff / Literaturwissenschaftlicher Zugriff

185.   ANSELM, Sigrun (2008): Von der sozialen zur sexuellen Revolution. In: Ästhetik und Kommunikation No. 140/141 Die Revolte. Themen und Motive der Studentenbewegung, 39. Jahrgang, S. 77–88.

186. AUST, STEFAN (1993): 1968 und die Medien. In: Jacoby, Edmund/Hafner, Georg M. (Hrsg.): 1968 – Bilderbuch einer Revolte. Frankfurt/M.: Gutenberg, S. 81–96.

187. BOHRER, Karl-Heinz (1997): 1968: Die Phantasie an die Macht? Studentenbewegung – Walter Benjamin – Surrealismus. In: Gilcher-Holtey, Ingrid (Hrsg.) (2008): 1968. Vom Ereignis zum Mythos. Frankfurt/M.: Suhrkamp, S. 385–402.

188. BRIEGLEB, Klaus (1993): 1968. Literatur in der antiautoritären Bewegung. Frankfurt/M.: Suhrkamp.

189. BROCKHAUS, Gudrun (2008): „Was ich (mir) nie verzeihen werde" – Deutungskampf um die ‚68er'. In: Ästhetik und Kommunikation. No. 140/141. Die Revolte. Themen und Motive der Studentenbewegung, 39. Jahrgang, S. 159–168.

190. BURCKHARDT, Martin (2010): 68. Die Geschichte einer Kulturrevolution. Berlin: Semele.

191. FAHLENBRACH, Kathrin (2002): Protest-Inszenierungen. Visuelle Kommunikation und kollektive Identitäten in Protestbewegungen. Opladen: Westdeutscher.

192. FAHLENBRACH, Kathrin (2007): Protestinszenierungen. Die Studentenbewegung im Spannungsfeld von Kultur-Revolution und Medien-Evolution. In: Klimke, Martin/Scharloth, Joachim (Hrsg.): 1968. Handbuch zur Kultur- und Mediengeschichte der Studentenbewegung, Stuttgart: Metzler, S. 11–23.

193. FAHLENBRACH, Kathrin (2008a): Studentenrevolte. Mediale Protestbilder der Studentenbewegung. In: Paul, Gerhard (Hrsg.): Das Jahrhundert der Bilder. Bildatlas 1949 bis heute. Göttingen: Vandenhoeck & Ruprecht, S. 362–370.

194. FAHLENBRACH, Kathrin (2008b): Medien-Revolten. Die Massenmedien als Ort der Proteste von '68. In: Historisches Museum Frankfurt/Main (Hrsg.): Die '68er. Kurzer Sommer, lange Wirkung. (Ausstellungskatalog). Essen: Klartext, S. 246–256.

195. FAHLENBRACH, Kathrin (2010): Körper-Revolten. Mediale Körperinszenierungen und Medienereignisse um '68. In: Bösch, Frank/Schmidt, Patrick (Hrsg.): Medialisierte Körper. Medien und Performanz seit dem 18. Jahrhundert. Frankfurt/M.: Campus, S. 223–246.

196. FAHLENBRACH, Kathrin (2013a): „Ho Ho Ho Chi Minh!" Die Kampfschreie der Studentenbewegung. In: Paul, Gerhard/Schock, Ralph (Hrsg.): Der Sound des Jahrhunderts. Geräusche, Töne, Stimmen –1889 bis heute. Bonn: Bundeszentrale für Politische Bildung, S. 459–464.

197. FAHLENBRACH, Kathrin (2013b): Medienikonen und Schlüsselbilder der Revolte um 1968. Ein diachroner Blick auf Akteure und Strukturen der Ikonisierung. In: Ramsbrock, Annelie/Vowinckel, Annette/Zierenberg, Malte (Hrsg.): Fotografien im 20. Jahrhundert. Göttingen: Wallstein, S. 102–126.

198.   FAHLENBRACH, Kathrin (2017): Images and Imagery of Protest. In: Fahlenbrach, Kathrin/Klimke, Martin/Scharloth, Joachim (Hrsg.): Protest Cultures. A Companion. Oxford/New York. Berghahn Books, S. 243–258.

199.   FAHLENBRACH, Kathrin/KLIMKE, Martin/SCHARLOTH, Joachim (2008): Anti-Ritual, Medieninszenierung und Transnationalität: Kulturwissenschaftliche Aspekte von ,68'. In: Forschungsjournal Neue Soziale Bewegungen, Heft 3 (Themenheft: 1968 – alles nur Geschichte?), S. 106–117.

200.   FAHLENBRACH, Kathrin/KLIMKE, Martin/SCHARLOTH, Joachim (Hrsg.) (2017): Protest Cultures. A Companion. Oxford/New York. Berghahn Books, S. 243–258.

201.   FAHLENBRACH, Kathrin/KLIMKE, Martin/SCHARLOTH, Joachim/WONG, Laura (2012): Introduction. In: Fahlenbrach, Kathrin/Klimke, Martin/Scharloth, Joachim/Wong, Laura (Hrsg.): The Establishment Responds. Power, Politics and Protest Since 1945. New York/London: Palgrave Macmillan, S. 1–13.

202.   FAHLENBRACH, Kathrin/KLIMKE, Martin/SCHARLOTH, Joachim/WONG, Laura (Hrsg.) (2012): The Establishment Responds. Power, Politics and Protest since 1945. New York/London: Palgrave Macmillan.

203.   FAHLENBRACH, Kathrin/SIVERTSEN, Erling/WERENSKJOLD, Rolf (2015): Introduction: Media and Protest Movements. In: Fahlenbrach, Kathrin/Sivertsen, Erling/Werenskjold, Rolf (Hrsg.): Media and Revolt. Strategies and Performances from the 1960s to the Present. 2nd ed. New York/Oxford: Berghahn Books, S. 1–16.

204.   FAHLENBRACH, Kathrin/SIVERTSEN, Erling/WERENSKJOLD, Rolf (Hrsg.) (2015): Media and Revolt. Strategies and Performances from the 1960s to the Present. 2nd ed. New York/Oxford: Berghahn Books.

205.   FAULSTICH, Werner (Hrsg.) (2010): Die Kultur der 60er Jahre. München: Fink. (= Kulturgeschichte des 20. Jahrhunderts; 7)

206.   GITLIN, Todd (1980): The Whole World Is Watching: Mass Media in the Making and Unmaking of the New Left. Berkeley: University of California Press.

207.   GLASER, Hermann (1989): Kulturgeschichte der Bundesrepublik Deutschland. Zwischen Protest und Anpassung 1968–1989. München/Wien: Fischer. Bd. 3: Zwischen Protest und Anpassung.

208.   HAKEMI, Sara (2007): Das terroristische Manifest. Die erste Generation der RAF im Kontext avantgardistischer und neo-avantgardistischer Diskurse. In: Klimke, Martin/Scharloth, Joachim (Hrsg.): 1968. Handbuch zur Kultur- und Mediengeschichte der Studentenbewegung. Stuttgart: Metzler, S. 277–288.

209.   HARTUNG, Klaus (2008): Selbstkritische Überlegungen und Überlegungen zur Selbstkritik. Nach 40 Jahren. In: Ästhetik und Kommunikation.

No. 140/141 Die Revolte. Themen und Motive der Studentenbewegung, 39. Jahrgang, S. 95–112.

210. HECKEN, Thomas (2006): Gegenkultur und Avantgarde 1950–1970. Situationisten, Beatniks, 68er. Tübingen: Francke.

211. HECKEN, Thomas (2008): 1968. Von Texten und Theorien aus einer Zeit euphorischer Kritik. Bielefeld: Transcript.

212. HENTSCHEL, Rüdiger (2008): Totalitäre Linke, antitotalitäre Linke. In: Ästhetik und Kommunikation. No. 140/141 Die Revolte. Themen und Motive der Studentenbewegung, 39. Jahrgang, S. 135–46.

213. HOFFMANN-AXTHELM, Dieter (2008): Die Halbwertzeit von 68. Bemerkungen zum Verhältnis von Projekt und Lebenszeit. In: Ästhetik und Kommunikation. No. 140/141 Die Revolte. Themen und Motive der Studentenbewegung, 39. Jahrgang, S. 29–34.

214. HOLMIG, Alexander (2007): Die aktionistischen Wurzeln der Studentenbewegung. Subversive Aktion, Kommune I und die Neudefinition des Politischen. In: Klimke, Martin/Scharloth, Joachim (Hrsg.): 1968. Handbuch zur Kultur- und Mediengeschichte der Studentenbewegung. Stuttgart: Metzler, S. 107–118.

215. HUSSLEIN, Uwe (1995): Free Press. Von der Undergroundzeitung zum Stadtmagazin. In: Polster, Bernd (Hrsg.): Westwind: Die Amerikanisierung Europas. Köln: DuMont, S. 156–163.

216. JOURDAIN, Céline (2008): Hotcha! Publizieren im Untergrund. In: Linke, Angelika/Scharloth, Joachim (Hrsg.): Der Zürcher Sommer 1968. Zwischen Krawall, Utopie und Bürgersinn. Zürich: NZZ Libro, S. 137–146.

217. KLIMKE, Martin/SCHARLOTH, Joachim (2007a): Maos Rote Garden? ‚1968' zwischen kulturrevolutionärem Anspruch und subversiver Praxis – Eine Einleitung. In: Klimke, Martin/Scharloth, Joachim (Hrsg.): 1968. Handbuch zur Kultur- und Mediengeschichte der Studentenbewegung. Stuttgart: Metzler, S. 1–7.

218. KLIMKE, Martin/SCHARLOTH, Joachim (2007b): „Du musst den Dingen ihre eigene Melodie vorspielen und sie werden zu tanzen beginnen." Ein Gespräch mit Rainer Langhans. In: Klimke, Martin/Scharloth, Joachim (Hrsg.): 1968. Handbuch zur Kultur- und Mediengeschichte der Studentenbewegung. Stuttgart: Metzler, S. 311–316.

219. KLIMKE, Martin/SCHARLOTH, Joachim (Hrsg.) (2007): 1968. Handbuch zur Kultur- und Mediengeschichte der Studentenbewegung. Stuttgart: Metzler.

220. KUHLBRODT, Dietrich (2008): Das andere Kino. In: Ästhetik und Kommunikation. No. 140/141 Die Revolte. Themen und Motive der Studentenbewegung, 39. Jahrgang, S. 89–94.

221. LACHENMEIER, Dominik (2007): Die Achtundsechziger-Bewegung zwischen etablierter und alternativer Öffentlichkeit. In: Klimke, Martin/Scharloth, Joachim (Hrsg.): 1968. Handbuch zur Kultur- und Mediengeschichte der Studentenbewegung. Stuttgart: Metzler, S. 61–72.

222. LEE, Mia (2007): Umherschweifen und Spektakel: Die situationistische Tradition. In: Klimke, Martin/Scharloth, Joachim (Hrsg.): 1968. Handbuch zur Kultur- und Mediengeschichte der Studentenbewegung. Stuttgart: Metzler, S. 101–106.

223. LIEHR, Dorothee (2007): Ereignisinszenierung im Medienformat. Proteststrategien und Öffentlichkeit – eine Typologie. Klimke, Martin/Scharloth, Joachim (Hrsg.): 1968. Handbuch zur Kultur- und Mediengeschichte der Studentenbewegung. Stuttgart: Metzler, S. 23–36.

224. LINK, Jürgen (2001): Intensität, Entdifferenzierung, Kulturrevolution und Normalismus. Zur Spezifizität der „Bewegung von Achtundsechzig". In: Ott, Ulrich/Luckscheiter, Roman (Hrsg.): Belles lettres/Graffiti. Soziale Phantasien und Ausdrucksformen der Achtundsechziger. Göttingen: Wallstein, S. 69–78.

225. LINKE, Angelika (2012): Unordentlich, langhaarig und mit der Matratze auf dem Boden. Zur Protestsemiotik von Körper und Raum in den 1968er Jahren. In: Kämper, Heidrun/Scharloth, Joachim/Wengeler, Martin (Hrsg.): „1968". Eine sprachwissenschaftliche Zwischenbilanz. Berlin/New York: de Gruyter, S. 201–226. (= Sprache und Wissen 6)

226. LUCKSCHEITER, Roman (2001): Der postmoderne Impuls. Die Krise der Literatur um 1968 und ihre Überwindung. Berlin: Duncker & Humblot. (= Schriften zur Literaturwissenschaft; SLI 16)

227. MÜNZ-KOENEN, Inge (2000): Bilderflut und Lesewut. Die imaginären Welten der Achtundsechziger. In: Rosenberg, Rainer/Münz-Koenen, Inge/Boden, Petra (Hrsg.): Der Geist der Unruhe: 1968 im Vergleich. Wissenschaft – Literatur – Medien. Berlin: Akademie, S. 83–96.

228. NEGRINE, Ralph (2014): Demonstrations, protest, and communication: Changing media landscapes – changing media practices? In: Fahlenbrach, Kathrin/Sivertsen, Erling/Werenskjold, Rolf (Hrsg.): Media and Revolt. Strategies and Performances from the 1960s to the Present, 1st ed. New York/Oxford: Berghahn Books, S. 59–74.

229. NEUSÜSS, Arnhelm (2008): Aufstand der Einzigen. Wie sich die deutschen Studenten einmal mit Marx empörten. In: Ästhetik und Kommunikation No. 140/141 Die Revolte. Themen und Motive der Studentenbewegung, 39. Jahrgang, S. 173–192.

230. NIEHR, Thomas (2012): „Still schäm' ich mich in meiner Zelle, Fritz Teufel, Ausgeburt der Hölle." Sprachreflexive Elemente in den Flugblättern der Kommune I. In: Kämper, Heidrun/Scharloth, Joachim/Wengeler, Martin (Hrsg.): „1968". Eine sprachwissenschaftliche Zwischenbilanz. Berlin/New York: de Gruyter, S. 115–134. (= Sprache und Wissen 6)

231. NIRUMAND, Bahman (2008): Sehnsuchtsräume oder Warum die Revolution ausblieb. In: Ästhetik und Kommunikation No. 140/141 Die Revolte. Themen und Motive der Studentenbewegung, 39. Jahrgang, S. 113–118.

232. OTT, Ulrich/LUCKSCHEITER, Roman (Hrsg.) (2001): Belles lettres/Graffiti. Soziale Phantasien und Ausdrucksformen der Achtundsechziger. Göttingen: Wallstein.

233. PAPENBROCK, Martin (2007): Happening, Fluxus, Performance: Aktionskünste in den 1960er Jahren. Klimke, Martin/Scharloth, Joachim (Hrsg.): 1968. Handbuch zur Kultur- und Mediengeschichte der Studentenbewegung. Stuttgart: Metzler, S. 137–149.

234. PAPENBROCK, Martin (2011): Museumsguerilla. Positionen von 1968 bis heute. In: Greve, Anna (Hrsg.): Museum und Politik. Allianzen und Konflikte. Göttingen: V&R Unipress, S. 63–75. (= Kunst und Politik. Jahrbuch der Guernica-Gesellschaft, 13/2011)

235. PAPPERT, Steffen/MELL, Ruth Maria (i. Dr.): Praktiken der Partizipation in den Protestdiskursen 1968 und 1989. In: Bock, Bettina/Dreesen, Philipp (Hrsg.): Sprache und Partizipation in Geschichte und Gegenwart. Bremen: Hempen.

236. PAPPERT, Steffen/SCHARLOTH, Joachim (i. Dr.): Sprachrevolten (1968; DDR 1989). In: Kilian, Jörg/Niehr, Thomas/Schiewe, Jürgen (Hrsg.): Handbuch Sprachkritik. Stuttgart: Metzler.

237. PFLITSCH, Andreas/GOGOS, Manuel (Hrsg.) (2008): 1968. Kurzer Sommer – Lange Wirkung. Ein literarisches Lesebuch. München: DTV.

238. RABEHL, Bernd (1998): Medien. In: Landgrebe, Christiane/Plath, Jörg (Hrsg.): '68 und die Folgen. Ein unvollständiges Lexikon. Berlin: Argon, S. 69–74.

239. SIEGFRIED, Detlef (2003): Trau keinem über 30? Konsens und Konflikt der Generationen in der Bundesrepublik der langen sechziger Jahre. In: Aus Politik und Zeitgeschichte 45/2003, S. 25–32.

240. SIEGFRIED, Detlef (2004): Was hat die Entwicklung der Bundesrepublik Deutschland in den 60er und 70er Jahren bestimmt? Was ist die „Signatur" der als „Reformzeit" bezeichneten Umbruchphase? In: Calließ, Jörg (Hrsg.): Die Reformzeit des Erfolgsmodells BRD. Die Nachgeborenen erforschen die Jahre, die ihre Eltern und Lehrer geprägt haben. Rehburg-Loccum 2004, S. 41–46. (= Loccumer Protokolle 19/03)

241. SIEGFRIED, Detlef (2006): Time is on my side: Konsum und Politik in der westdeutschen Jugendkultur der 60er Jahre. Göttingen: Wallstein. (= Hamburger Beiträge zur Sozial- und Zeitgeschichte; 41)

242. SIEGFRIED, Detlef (2008a): Zwischen Pop und Politik. Jugendkultur in der Bundesrepublik um 1968. In: Außerschulische Bildung. Materialien zur politischen Jugend- und Erwachsenenbildung, H. 2, 2008, S. 165–171.

243. SIEGFRIED, Detlef (2008b): Furor und Wissenschaft. Vierzig Jahre nach „1968". In: Zeithistorische Forschungen/Studies in Contemporary History, Jg. 5, 2008, H. 1, S. 120–141.

244. SIEGFRIED, Detlef (2010): 1968 – eine Kulturrevolution? In: Sozial. Geschichte Online, 2 (2010), S. 12–36.

245. SIEGFRIED, Detlef (2011): Die politische Kultur der Bundesrepublik der 60er Jahre. In: Krimm, Stefan (Hrsg.): Only Rock 'n' Roll? Unser Bild von den 60er Jahren. München: Bayerischer Schulbuch Verlag, S. 113–136.

246. SIEGFRIED, Detlef (2018): 1968. Protest, Revolte, Gegenkultur, Ditzingen: Reclam.

247. STOCKHAMMER, Robert (2017): 1967. Pop, Grammatologie und Politik. Paderborn: Fink.

2.4   Politologischer, soziologischer und politolinguistischer Zugriff

248. ALBRECHT, Clemens (1999): Die Frankfurter Schule in der Geschichte der Bundesrepublik. In: Albrecht, Clemens/Behrmann, Günther C./Bock, Michael/Harald Homann, Harald/Friedrich H. Tenbruck, Friedrich: Die intellektuelle Gründung der Bundesrepublik. Eine Wirkungsgeschichte der Frankfurter Schule. Frankfurt/New York: Campus, S. 497–529.

249. ALBRECHT, Clemens/Behrmann, Günther C./Bock, Michael/Harald Homann, Harald/Friedrich H. Tenbruck, Friedrich: Die intellektuelle Gründung der Bundesrepublik. Eine Wirkungsgeschichte der Frankfurter Schule. Frankfurt/New York: Campus.

250. ALY, Götz (2008): Unser Kampf. 1968 – Ein irritierter Blick zurück. 2. Aufl. Frankfurt/M.: Fischer Taschenbuch.

251. ALTVATER, Elmar/HIRSCH, Nele/NOTZ, Gisela/SEIBERT, Thomas (2008): „Die letzte Schlacht gewinnen wir!" 40 Jahre 1968 – Bilanz und Perspektiven. Hamburg: VSA.

252. FICHTER, Tilman (2008): Meine Uni war der SDS. In: Ästhetik und Kommunikation. No. 140/141 Die Revolte. Themen und Motive der Studentenbewegung, 39. Jahrgang, S. 17–28.

253. BEHRMANN, Günter C. (1999): Kulturrevolution: Zwei Monate im Sommer 1967. In: Albrecht, Clemens/Behrmann, Günther C./Bock, Michael/Harald Homann, Harald/Friedrich H. Tenbruck, Friedrich: Die intellektuelle Gründung der Bundesrepublik. Eine Wirkungsgeschichte der Frankfurter Schule. Frankfurt/New York: Campus, S. 312–386.

254. GOOD, Colin (1989): Szylla und Charybdis. Der politische Diskurs in Westdeutschland zwischen sprachlicher Sensibilität und ideologischer Polarisierung. In: Forum für interdisziplinäre Forschung, 2, S. 19–26.

255. HENI, Clemens (2008): 1968=1933? Götz Alys Totalitarismusfiktion. In: Blätter für deutsche und internationale Politik, 53. Jg., Heft 4/2008, S. 47–58.

256. HOPF, Christel (1989): Das Faschismusthema in der Studentenbewegung und in der Soziologie. In: Bude, Heinz/Kohli, Martin (Hrsg.): Radikalisierte Aufklärung. Studentenbewegung und Soziologie in Berlin 1965 bis 1970. Weinheim und München: Juventa, S. 71–86.

257. INGLEHART, Ronald (1989): Kultureller Umbruch. Wertewandel in der westlichen Welt. Frankfurt/M./New York: Campus.

258. KALTENBRUNNER, Gerd-Klaus (Hrsg.) (1975): Sprache und Herrschaft. Die umfunktionierten Wörter. Freiburg u. a.: Herder. (= Initiative; 5)

259. KRAUSHAAR, Wolfgang (1977): Notizen zu einer Chronologie der Studentenbewegung. In: Mosler, Peter: Was wir wollten, was wir wurden. Studentenrevolte – zehn Jahre danach. Reinbek bei Hamburg: Rowohlt, S. 249–295.

260. KRAUSHAAR, Wolfgang (1978a): Thesen zum Verhältnis von Alternativ- und Fluchtbewegung. Am Beispiel der frankfurter scene. In: Kraushaar, Wolfgang (Hrsg.): Autonomie oder Getto? Kontroversen über die Alternativbewegung. Frankfurt/M.: Neue Kritik, S. 8–67.

261. KRAUSHAAR, Wolfgang (1978b): Eine Schwalbe macht noch keinen Sommer. Die Reduktion der Alternativbewegung auf ihre Projekte. Eine Diskussion mit Daniel Cohn-Bendit. In: Kraushaar, Wolfgang (Hrsg.): Autonomie oder Getto? Kontroversen über die Alternativbewegung. Frankfurt/M.: Neue Kritik, S. 187–209.

262. KRAUSHAAR, Wolfgang (1998a): 1968. Das Jahr, das alles verändert hat. München/Zürich: Piper.

263. KRAUSHAAR, Wolfgang (1998b): Wie über 1968 schreiben?. In: Dinné, Olaf/Grünwaldt, Jochen/Kuckuk, Peter (Hrsg.): 68 in Bremen. Anno dunnemals. Bremen: WMIT, S. 391–398.

264. KRAUSHAAR, Wolfgang (1999): Symbolzertrümmerung. Der Angriff der Studentenbewegung auf die Insignien universitärer Macht. In: Hochschule Ost. 8 (1999), 3/4, S. 47–57.

265. KRAUSHAAR, Wolfgang (2000): 1968 als Mythos, Chiffre und Zäsur. Hamburg: Hamburger Edition.

266. KRAUSHAAR, Wolfgang (2001a): 1968 und die Massenmedien. In: Archiv für Sozialgeschichte 41 (2001), S. 317–347.

267. KRAUSHAAR, Wolfgang (2001b): Denkmodelle der 68er-Bewegung. In: Aus Politik und Zeitgeschichte B 22–23/2001, S. 14–27.

268. KRAUSHAAR, Wolfgang (2001c): Fischer in Frankfurt. Karriere eines Außenseiters. Hamburg: Hamburger Edition.

269. KRAUSHAAR, Wolfgang (2007): Berliner Subkultur. Blues, Haschrebellen, Tupamaros und Bewegung 2. Juni. In: Klimke, Martin/Scharloth, Joachim (Hrsg.): 1968. Handbuch zur Kultur- und Mediengeschichte der Studentenbewegung. Stuttgart: Metzler, S. 261–275.

270. KRAUSHAAR, Wolfgang (2008): Achtundsechzig. Eine Bilanz. Berlin: Propyläen.

271. KRAUSHAAR, Wolfgang (2018): 1968. 100 Seiten. Stuttgart: Reclam.

272. KRAUSHAAR, Wolfgang (Hrsg.) (2003): Frankfurter Schule und Studentenbewegung. Von der Flaschenpost zum Molotowcocktail 1946 bis 1995. Bd. 1–3. Hamburg: Hamburger Edition Digital.

273. KRAUSHAAR, Wolfgang (Hrsg.) (2008): Die RAF. Entmythologisierung einer terroristischen Organisation. Bonn: Bundeszentrale für politische Bildung.

274. KRAUSHAAR, Wolfgang/WIELAND, Karin/REEMTSMA, Jan Philipp (2005): Rudi Dutschke, Andreas Baader und die RAF. Hamburg: Hamburger Edition.

275. KUHN, Fritz (1983): Überlegungen zur politischen Sprache der Alternativbewegung. In: Sprache und Literatur in Wissenschaft und Unterricht 14, H. 51, S. 61–79.

276. LANDGREBE, Christiane/PLATH, Jörg (Hrsg.) (1998): '68 und die Folgen. Ein unvollständiges Lexikon. Berlin: Argon.

277. LANGGUTH, Gerd (1983): Protestbewegung – Entwicklung, Niedergang, Renaissance. Die Neue Linke seit 1968. Köln: Wissenschaft und Politik.

278. LANGGUTH, Gerd (2001): Mythos '68. Die Gewaltphilosophie von Rudi Dutschke – Ursachen und Folgen der Studentenbewegung, München: Olzog.

279. LEGGEWIE, Claus (1988): 1968: Ein Laboratorium der nachindustriellen Gesellschaft? Zur Tradition der antiautoritären Revolte seit den sechziger Jahren. In: Aus Politik und Zeitgeschichte B 20/1988, S. 3–15.

280. LEGGEWIE, Claus (1996): Der Mythos des Neuanfangs. Gründungsetappen der Bundesrepublik Deutschland: 1949–1968–1989. In: Berding, Helmut (Hrsg.): Mythos und Nation: Studien zur Entwicklung des kollektiven Bewusstseins in der Neuzeit 3, S. 275–302.

281. LEGGEWIE, Claus (2001): 1968 ist Geschichte. In: Aus Politik und Zeitgeschichte, B 22–23/2001, S. 3–6.

282. LHOTTA, Roland (1989): Sind wir ‚gelinkt' worden? Zum Eindringen von 68er Vokabular in die Gemein- und Bildungssprache. In: Sprache und Literatur in Wissenschaft und Unterricht 20 64, S. 3–15.

283. LÖWENTHAL, Richard (1970): Der romantische Rückfall. Wege und Irrwege einer rückwärts gewendeten Revolution. Stuttgart: Kohlhammer.

284. LÖWENTHAL, Richard (1979): Gesellschaftswandel und Kulturkrise: Zukunftsprobleme der westlichen Demokratien. Frankfurt/M.: Fischer-Taschenbuch.

285. MATTHEIER, Klaus J. (2001): Protestsprache und Politjargon. Über die problematische Identität einer ‚Sprache der Achtundsechziger.' In: Ott, Ulrich/Luckscheiter, Roman (Hrsg.): Belles lettres/Graffiti. Soziale Phantasien und Ausdrucksformen der Achtundsechziger. Göttingen: Wallstein, S. 79–90.

286. MÜLLER, Jan-Werner (2003): 1968 as Event, Milieu, and Ideology. In: Müller, Jan-Werner (Hrsg.): German Ideologies since 1945: Studies in the Political Thought and Culture of the Bonn Republic. New York/London: Palgrave Macmillan, S. 117–143.

287. MUSOLFF, Andreas (1996): Krieg gegen die Öffentlichkeit. Terrorismus und politischer Sprachgebrauch. Opladen: VS.

288. NEGRINE, Ralph (2014): Demonstrations, protest, and communication: Changing media landscapes – changing media practices? In: Fahlenbrach, Kathrin/Sivertsen, Erling/Werenskjold, Rolf (Hrsg.): Media and Revolt. Strategies and Performances from the 1960s to the Present, 1st ed. New York/Oxford: Berghahn Books, S. 59–74.

289. NEGT, Oskar (2001): Achtundsechzig. Politische Intellektuelle und die Macht. 3. Aufl. Göttingen: Steidl.

290. NIEHR, Thomas (1993): Schlagwörter im politisch-kulturellen Kontext. Zum öffentlichen Diskurs in der BRD von 1966 bis 1974. Wiesbaden: Deutscher Universitätsverlag.

291. PFEIFER, Elisabeth L. B. (1997): 1968 in German Political Culture, 1967–1993. From Experience to Myth, unveröffentlichte Dissertation, University of North Carolina 1997.

292. SCHAEDER, Hans-Friedrich (2006): „Überall heißt der Schlachtruf: Gegen Repression und Manipulation". Der Manipulationsdiskurs der ,68er'. Ein Vortrag. In: Zeitschrift für Literaturwissenschaft und Linguistik 142, S. 129–137.

293. WEISS, Andreas von (1974): Schlagwörter der Neuen Linken. Die Agitation der Sozialrevolutionäre. München: Olzog. (= Geschichte und Staat, Bd. 179/180)

294. WOLFRUM, Edgar (2001): „1968" in der gegenwärtigen deutschen Geschichtspolitik. In: Aus Politik und Zeitgeschichte B. 22–23/2001, S. 28–36.

2.5 Soziologisch-erziehungswissenschaftlicher Zugriff

295. ARIGHI, Giovanni/HOPKINS, Terence K./WALLERSTEIN, Immanuel (1997): 1989 – Die Fortsetzung von 1968. In: François, Etienne/Middell, Matthias/Terray, Emmanuel/Wierling, Dorothee (Hrsg.): 1968 – Ein europäisches Jahr? Leipzig: Leipziger Universitätsverlag, S. 147–164. (= Beiträge zur Universalgeschichte und vergleichenden Gesellschaftsforschung; 6)

296. BRAND, Karl-Werner/BÜSSER, Detlef/RUCHT, Dieter (1983): Aufbruch in eine andere Gesellschaft. Neue soziale Bewegungen in der Bundesrepublik. Frankfurt/M./New York: Campus.

297. HEINE, Hartwig (1970): Tabuverletzung als Mittel politischer Veränderung. In: Kerbs, Diethart/Müller, Wolfgang C./Krummteich, Hanna/Drechsel, Wiltrud Ulrike/Tietgens, Hans/Heine, Hartwig (Hrsg.): Das Ende der Höflichkeit. Für eine Revision der Anstandserziehung. München: Juventa, S. 115–135.

298. HERING, Sabine/LÜTZENKIRCHEN, Hans-Georg (1996): Wohin führt der lange Marsch? Die politische Erwachsenenbildung der 68er. Gespräche. Frankfurt/M.: Dipa.

299.   KORTE, Hermann (2009): Eine Gesellschaft im Aufbruch: Die Bundesrepublik Deutschland in den sechziger Jahren. Wiesbaden: VS.

300.   NASSEHI, Armin (2018): Gab es 1968? – Eine Spurensuche. Hamburg: kursbuch.edition.

301.   SCHEUCH, Erwin K. (Hrsg.) (1968): Die Wiedertäufer der Wohlstandsgesellschaft. Eine kritische Untersuchung der ‚Neuen Linken‘ und ihrer Dogmen. Köln: Markus.

2.6   Historiografischer Zugriff

302.   BOTHIEN, Horst-Pierre (2007): Protest und Provokation. Bonner Studenten 1967/1968. Forum Geschichte 6. Essen: Klartext.

303.   DeGroot, Gerard J. (2008): The Sixties Unplugged. A Kaleidoscopic History of a Disorderly Decade. Cambridge, Mass./London: Harvard University Press.

304.   ETZEMÜLLER, Thomas (2005): 1968 – ein Riss in der Geschichte? Gesellschaftlicher Umbruch und 68er-Bewegungen in Westdeutschland und Schweden. Konstanz: UVK.

305.   FREI, Norbert (2008a): 1968 – ein Jahr des Aufbruchs und der Zäsur (Gespräch mit A. Reif). In: Universitas 63 (2008), S. 518–528.

306.   FREI, Norbert (2008b): 1968. Jugendrevolte und globaler Protest. Erweiterte und aktualisierte Taschenbuchausgabe, 2. Aufl. München: dtv.

307.   FREI, Norbert (2018): Protest im Westen, Bewegung im Osten. Parallelitäten und Zusammenhänge um 1968. In: Beitin, Andreas/Gillen, Eckhart (Hrsg.): Flashes of the Future. Die Kunst der 68er oder Die Macht der Ohnmächtigen. Bonn: Bundeszentrale für politische Bildung, S. 30–39.

308.   GASSERT, Philipp (2002): Ein Wendepunkt der Nachkriegszeit? „1968“ in der Jubiläumsliteratur zum Dreißigsten. In: Historische Mitteilungen der Ranke-Gesellschaft 15, S. 286–296.

309.   GASSERT, Philipp (2010): Das kurze „1968“ zwischen Geschichtswissenschaft und Erinnerungskultur: Neuere Forschungen zur Protestgeschichte der 1960er-Jahre, in: H-Soz-u-Kult, 30.04.2010, [http://hsozkult.geschichte.hu-berlin.de/forum/2010–04–001] (10.08.2018).

310.   GASSERT, Philipp/KLIMKE, Martin (2009): 1968: Memories and Legacies of a Global Revolt. Washington, DC: GHI Bulletin.

311.   GASSERT, Philipp/KLIMKE, Martin (2018): 1968: On the Edge of World Revolution. Montreal: Black Rose Press.

312.   GEHRKE, Bernd/HORN, Gerd-Rainer (Hrsg.) (2007): 1968 und die Arbeiter. Studien zum „proletarischen Mai“ in Europa. Hamburg: VSA.

313.   GILCHER-HOLTEY, Ingrid (1994): Die Nacht der Barrikaden. Eine Fallstudie zur Dynamik sozialen Protests. In: Neidhardt, Friedhelm (Hrsg.): Öffentlichkeit, öffentliche Meinung, soziale Bewegungen. Kölner Zeitschrift für Soziologie und Sozialpsychologie. Sonderband 34, S. 375–392.

314.   GILCHER-HOLTEY, Ingrid (1998a): 1968 – Vom Ereignis zum Gegenstand der Geschichtswissenschaft. Göttingen: Vandenhoeck & Ruprecht.

315.   GILCHER-HOLTEY, Ingrid (1998b): 1968 in Frankreich und Deutschland. In: Leviathan 26 (1998), H. 4, S. 533–539.

316.   GILCHER-HOLTEY, Ingrid (2000): Der Transfer zwischen den Studentenbewegungen von 1968 und die Entstehung einer transnationalen Gegenöffentlichkeit. In: Berliner Journal für Soziologie 10 (2000), S. 485–500.

317.   GILCHER-HOLTEY, Ingrid (2002): Der Transfer zwischen den Studentenbewegungen und die Entstehung einer transnationalen Gegenöffentlichkeit. In: Kaelble, Hartmut/Kirsch, Martin/Schmidt-Gerning, Alexander (Hrsg.): transnationale Öffentlichkeit und Identitäten im 20. Jahrhundert. Frankfurt/M./New York: Campus, S. 303–325.

318.   GILCHER-HOLTEY, Ingrid (2008a): Die 68-er Bewegung. Deutschland – Westeuropa – USA. 4. Aufl. München: Beck.

319.   GILCHER-HOLTEY, Ingrid (2008b): 1968 – Vom Ereignis zum Mythos. Frankfurt/M.: Suhrkamp.

320.   GILCHER-HOLTEY, Ingrid (2008c): 1968. Eine Zeitreise. Frankfurt/M.: Suhrkamp.

321.   GILCHER-HOLTEY, Ingrid (2008d): „Like a Rolling Stone" – Die 68er Bewegung. In: Bogdal, Klaus-Michael/Gilcher-Holtey, Ingrid (Hrsg.): „68" – Literatur und Politik. In: Der Deutschunterricht. Beiträge zu seiner Praxis und wissenschaftlichen Grundlegung, 1(2008), S. 2–13.

322.   GILCHER-HOLTEY, Ingrid (2009a): Der Tod des Benno Ohnesorg – Ikone der Studentenbewegung. In: Bilder im Kopf, Ikonen der Zeitgeschichte. Hg. von der Stiftung Haus der Geschichte der Bundesrepublik Deutschland, Köln: DuMont, S. 120–129.

323.   GILCHER-HOLTEY, Ingrid (2009b): Die Studentenrevolte als westliche Protestbewegung. In: Sabrow, Martin (Hg.), Mythos „1968", Leipzig: Akademische Verlagsanstalt, S. 59–74.

324.   GILCHER-HOLTEY, Ingrid (2009c): Im Westen nichts Neues? 1968 in der Bundesrepublik, in: zur debatte. Themen der Katholischen Akademie in Bayern 38. Jg 1 (2009c), S. 28–30.

325.   GILCHER-HOLTEY, Ingrid (2011): 1968 – War da was? In: Wengst, Udo (Hrsg.): Reform und Revolte. Politischer und gesellschaftlicher Wandel in der Bundesrepublik in den 1960er und 1970er Jahren. München: Oldenbourg Wissenschaftsverlag, S. 103–120. (= Zeitgeschichte im Gespräch; 12)

326.   GILCHER-HOLTEY, Ingrid (Hrsg.) (2013): 1968 – Eine Wahrnehmungsrevolution? Horizont-Verschiebungen des Politischen in den 1960er und 1970er Jahren. München: Oldenbourg. (= Zeitgeschichte im Gespräch; 16)

327.   GILCHER-HOLTEY, Ingrid (Hrsg.) (2014): A Revolution of Perception. Consequences and Echoes of 1968. New York/Oxford: Berghahn.

328.   HERBERT, Ulrich (Hrsg.) (2002): Wandlungsprozesse in Westdeutschland. Belastung, Integration, Liberalisierung 1945–1980. Göttingen: Wallstein. (= Moderne Zeit. Neue Forschungen zur Gesellschafts- und Kulturgeschichte des 19. und 20. Jahrhunderts; 1)

329.   HERZOG, Dagmar (2003): Post-War Ideologies and the Body Politics of 1968. In: Müller, Jan-Werner (Hrsg.): German Ideologies since 1945: Studies in the Political Thought and Culture of the Bonn Republic. New York/London: Palgrave Macmillan, S. 101–116.

330.   HERZOG, Dagmar (2007): Sex after Fascism: Memory and Morality in Twentieth-Century Germany. Princeton, N.J.: Princeton University Press.

331.   HODENBERG, Christina von (2006): Der Kampf um die Redaktionen. In: Hodenberg, Christina von/Siegfried, Detlef (Hrsg.): Wo ‚1968' liegt: Reform und Revolte in der Geschichte der Bundesrepublik. Göttingen: Vandenhoeck & Ruprecht, S. 139–163.

332.   HODENBERG, Christina von (2011): Ekel Alfred und die Kulturrevolution: Unterhaltungsfernsehen als Sprachrohr der 68er-Bewegung? In: Geschichte in Wissenschaft und Unterricht 62 (2011), S. 557–572.

333.   HODENBERG, Christina von (2018): Das andere Achtundsechzig: Gesellschaftsgeschichte einer Revolte. München: C.H.Beck.

334.   HODENBERG, Christina von/SIEGFRIED, Detlef (Hrsg.) (2006): Wo ‚1968' liegt: Reform und Revolte in der Geschichte der Bundesrepublik. Göttingen: Vandenhoeck & Ruprecht.

335.   HORN, Gerd-Rainer (2007): The Spirit of '68: Rebellion in Western Europe and North America, 1956–1976. Oxford: Oxford University Press.

336.   KASTNER, Jens/MAYER, David (Hrsg.) (2008): Weltwende 1968? Ein Jahr aus globalgeschichtlicher Perspektive. Wien: Mandelbaum. (= Globalgeschichte und Entwicklungspolitik; 7)

337.   KERSTING, Franz-Werner (1998): Entzauberter Mythos? Ausgangsbedingungen und Tendenzen einer gesellschaftsgeschichtlichen Standortbestimmung der westdeutschen ‚68er' Bewegung. In: Westfälische Forschungen 48, S. 1–19.

338.   KLESSMANN, Christoph (1991): 1968 – Studentenrevolte oder Kulturrevolution? In: Hettling, Manfred (Hrsg.): Revolution in Deutschland? 1789–1989. Sieben Beiträge. Göttingen: Vandenhoeck & Ruprecht, S. 90–105.

339.   KLIMKE, Martin (2004): Between Berkeley and Berlin, San Francisco and Frankfurt: The Student Movements of the 1960s in Transatlantic Perspective. In: Downs, Jim/Manion, Jennifer (Hrsg.): Taking Back the Academy: History as Activism. New York: Routledge Press, S. 35–56.

340.   KLIMKE, Martin (2007): Sit-In, Teach-In, Go-In: Die transnationale Zirkulation kultureller Praktiken in den 1960er Jahren. In: Klimke, Martin/Scharloth, Joachim (Hrsg.): 1968. Handbuch zur Kultur- und Mediengeschichte der Studentenbewegung. Stuttgart: Metzler, S. 119–135.

341.   KLIMKE, Martin (2008): 1968 in Europe: A History of Protest and Activism, 1956–77. New York/London: Palgrave Macmillan.

342.   KLIMKE, Martin (2010a): 1968 als transnationales Ereignis. In: Rathkolb, Oliver/Stadler, Fritz (Hrsg.): Das Jahr 1968 – Ereignis, Symbol, Chiffre. Göttingen: V&R unipress, S. 19–28. (= Zeitgeschichte im Kontext; 1)

343.   KLIMKE, Martin (2010b): Revisiting the Revolution: The Sixties in Transnational Cultural Memory. In: Cornils, Ingo/Hudspith, Sarah (Hrsg.): Memories of 1968: International Perspectives. Bern: Lang, S. 25–47.

344.   KLIMKE, Martin (2011): The Other Alliance: Student Protest in West Germany and the United States in the Global Sixties. Princeton, N.J.: Princeton University.

345.   KLIMKE, Martin (2012): 1968: Europe in Technicolour. In: Stone, Dan (Hrsg.): The Oxford Handbook of Postwar European History. Oxford: Oxford University Press, S. 243–261.

346.   KLIMKE, Martin/PEKELDER, Jacco/SCHARLOTH, Joachim (2011): Introduction. In: Klimke, Martin/Pekelder, Jacco/Scharloth, Joachim (Hrsg.): Between the Prague Spring and the French May 1968. Transnational Exchange and National Recontextualization of Protest Cultures. New York/Oxford: Berghahn, S. 1–11.

347.   KLIMKE, Martin/SCHARLOTH, Joachim (2008): 1968 in Europe. An Introduction. In: Klimke, Martin/Scharloth, Joachim (Hrsg.): 1968 in Europe. A History of Protest and Activism, 1956–77. With an Afterword by Tom Hayden. New York/London: Palgrave Macmillan, S. 1–9.

348.   KLIMKE, Martin/SCHARLOTH, Joachim (2009): Utopia in Practice: The Discovery of Performativity in Sixties' Protest, Arts and Sciences. In: Historein 9, S. 46–56.

349.   KLIMKE, Martin/SCHARLOTH, Joachim (Hrsg.) (2008): 1968 in Europe. A History of Protest and Activism, 1956–77. With an Afterword by Tom Hayden. New York/London: Palgrave Macmillan.

350.   KOENEN, Gerd (1994): Rotwelsch und Zeichensprache. Die Neue Linke von 1968 und der Marxismus. In: Fleischer, Helmut (Hrsg.): Der Marxismus in seinem Zeitalter. Leipzig: Reclam, S. 77–93.

351.   KOENEN, Gerd (2001): Das rote Jahrzehnt. Unsere kleine deutsche Kulturrevolution 1967–1977. Köln: Kiepenheuer & Witsch.

352.   KRAUS, Dorothea (2007): Straßentheater als politische Protestform. In: Klimke, Martin/Scharloth, Joachim (Hrsg.): 1968. Handbuch zur Kultur- und Mediengeschichte der Studentenbewegung. Stuttgart: Metzler, S. 89–100.

353. KRAUS, Dorothea (2007b): Theater-Proteste: Zur Politisierung von Straße und Bühne in den 1960er Jahren. Frankfurt/M.: Campus. (= Historische Politikforschung; 9)

354. KROHN, Claus Dieter (2003): Die westdeutsche Studentenbewegung und das „andere Deutschland". In: Schildt, Axel/Siegfried, Detlef/Lammers, Karl Christian (Hrsg.): Dynamische Zeiten. Die 60er Jahre in den beiden deutschen Gesellschaften. Hamburg: Hans Christians, S. 695–718.

355. LÖW, Raimund (Hrsg.) (2006): Die Fantasie und die Macht. 1968 und danach. Wien: Czernin Verlag. MITTLER, Günther R./WOLFRUM, Edgar (2008): Das Jahr 1968. Vom Politereignis zum Geschichtsereignis. In: Forschungsjournal NSB – Neue Soziale Bewegungen 21, 3 (2008), S. 16–24.

356. REICHARDT, Sven (2007): Inszenierung und Authentizität. Zirkulation visueller Vorstellungen über den Typus des linksalternativen Körpers, in: Knoch, Habbo (Hrsg.): Bürgersinn mit Weltgefühl. Politische Moral und solidarischer Protest in den sechziger und siebziger Jahren. Göttingen: Wallstein, S. 225–250.

357. SABROW, Martin (Hrsg.) (2009): Mythos „1968"? Leipzig: Akademische Verlagsanstalt.

358. SCHAFFRIK, Tobias/WIENGES, Sebastian (Hrsg.) (2008): 68er-Spätlese. Was bleibt von 1968? Berlin: Lit. (= Villigst Profile; 10)

359. SCHILDT, Axel (2000): Materieller Wohlstand – pragmatische Politik – kulturelle Umbrüche. Die 60er Jahre in der Bundesrepublik. In: Schildt, Axel/Siegfried, Detlef/Lammers, Karl Christian (Hrsg.): Dynamische Zeiten. Die 60er Jahre in den beiden deutschen Gesellschaften. Hamburg: Hans Christians, S. 21–53. (= Hamburger Beiträge zur Sozial- und Zeitgeschichte; 37)

360. SCHILDT, Axel (2001): Vor der Revolte: Die sechziger Jahre. In: Aus Politik und Zeitgeschichte B22/23 (2001), S. 7–13.

361. SCHILDT, Axel/SIEGFRIED, Detlef/LAMMERS, Karl Christian (2000): Einleitung. In: Schildt, Axel/Siegfried, Detlef/Lammers, Karl Christian (Hrsg.): Dynamische Zeiten. Die 60er Jahre in den beiden deutschen Gesellschaften. Hamburg: Hans Christians, S. 11–20.

362. SCHILDT, Axel/SIEGFRIED, Detlef/LAMMERS, Karl Christian (Hrsg.) (2000): Dynamische Zeiten. Die 60er Jahre in den beiden deutschen Gesellschaften. Hamburg: Hans Christians.

363. WEINHAUER, Klaus (2001): Zwischen Aufbruch und Revolte: Die 68er-Bewegungen und die Gesellschaft der Bundesrepublik der sechziger Jahre. In: Neue Politische Literatur, 46. Jg., 2001, S. 412–432.

364. WESEL, Uwe (2002): Die verspielte Revolution. 1968 und die Folgen. München: Karl Blessing.

365.   ZIEMANN, Benjamin (2004): Vom Bierstreik zur Komplexitätsreduktion. Die Gesellschaftsgeschichte der Bundesrepublik in den 60er Jahren. Mittelweg 36, Vol. 13 (2004), No. 3, S. 45–52.

2.7   Studien zur Erinnerungskultur

366.   ALY, Götz (2008): Unser Kampf. 1968 – Ein irritierter Blick zurück. 2. Aufl. Frankfurt/M.: Fischer-Taschenbuch.

367.   ALTVATER, Elmar/HIRSCH, Nele/NOTZ, Gisela/SEIBERT, Thomas (2008): „Die letzte Schlacht gewinnen wir!" 40 Jahre 1968 – Bilanz und Perspektiven. Hamburg: VSA.

368.   BERG, Charles (1996): Zu Weihnacht sind Marxisten genauso lieb wie Christen. Versuch, Erinnerungen an das Marburg der frühen siebziger Jahre zu ordnen. In: Berns, Jörg Jochen (Hrsg.): Marburg-Bilder. Eine Ansichtssache. Zeugnisse aus fünf Jahrhunderten. Bd. II. Marburg: Rathaus, S. 445–469. (= Marburger Stadtschriften zur Geschichte und Kultur; 53)

369.   BROCKHAUS, Gudrun (2008): „Was ich (mir) nie verzeihen werde" – Deutungskampf um die ‚68er'. In: Ästhetik und Kommunikation. No. 140/141. Die Revolte. Themen und Motive der Studentenbewegung, 39. Jahrgang, S. 159–168.

370.   BUDE, Heinz (2001): 1968. In: François, Etienne/Schulze, Hagen (Hrsg.): Deutsche Erinnerungsorte II. München: Beck, S. 122–134.

371.   COHN-BENDIT, Daniel (1975): Der große Basar. München: Trikont.

372.   COHN-BENDIT, Daniel (2001): Wir haben sie so geliebt, die Revolution. Berlin: Philo.

373.   COHN-BENDIT, Daniel/DAMMANN, Rüdiger (Hrsg.) (2007): 1968. Die Revolte. Frankfurt/M.: Fischer.

374.   DELIUS, Friedrich Christian (2008): Gedanken beim Wiederlesen des legendären ‚Kursbuch 15'. In: Ästhetik und Kommunikation. No. 140/141 Die Revolte. Themen und Motive der Studentenbewegung, 39. Jahrgang, S. 15–16.

375.   DUTSCHKE, Gretchen (2018): 1968: Worauf wir stolz sein dürfen. Hamburg: kursbuch.edition.

376.   François, Etienne/Hagen Schulze (Hrsg.) (2003): Deutsche Erinnerungsorte II. Broschierte Sonderausgabe. München: C. H. Beck.

377.   GASSERT, Philipp (2002): Ein Wendepunkt der Nachkriegszeit? „1968" in der Jubiläumsliteratur zum Dreißigsten. In: Historische Mitteilungen der Ranke-Gesellschaft 15, S. 286–296.

378.   GASSERT, Philipp (2010): Das kurze „1968" zwischen Geschichtswissenschaft und Erinnerungskultur: Neuere Forschungen zur Protestgeschichte der 1960er-Jahre. In: H-Soz-u-Kult, 30.04.2010, [http://hsozkult.geschichte.hu-berlin.de/forum/2010–04–001] [10.08.2018].

379. HANNOVER, Heinrich (1999): Die Republik vor Gericht 1954–1974: Erinnerungen eines unbequemen Rechtsanwalts. Berlin: Aufbau.

380. HANNOVER, Irmela/SCHNIBBEN, Cordt (2007): I can't get no. Ein paar 68er treffen sich wieder und rechnen ab. Köln: Kiepenheuer & Witsch.

381. KLEINERT, Hubert (2008): Mythos 68. In: Aus Politik und Zeitgeschichte, B 14–15/2008, S. 8–15.

382. KUNZELMANN, Dieter (1998): Leisten sie keinen Widerstand! Bilder aus meinem Leben. Berlin: Transit.

383. KUSCHEL, Hedda (2002): „Militanz war ein Teil meines Lebensgefühls." Gratwanderung zwischen Kindern, Drogen und Politik. In: Kätzel, Ute: Die 68erinnen. Porträt einer rebellischen Frauengeneration. Berlin: Rowohlt, S. 121–138.

384. LANGHANS, Rainer (2008): Ich bin's. Die ersten 68 Jahre. München: Blumenbar.

385. LANGHANS, Rainer/TEUFEL, Fritz (1968): Klau mich. Strafprozeßordnung der Kommune I. Frankfurt/M.: Edition Voltaire. (= Voltaire-Handbuch; 2)

386. LEFÈVRE, Wolfgang (2008): Eine hochschulpolitische Reminiszenz. In: Ästhetik und Kommunikation. No. 140/141 Die Revolte. Themen und Motive der Studentenbewegung, 39. Jahrgang, S. 57–64.

387. LÜBBE, Hermann (1988): Der Mythos der kritischen Generation. Ein Rückblick. In: Aus Politik und Zeitgeschichte 20 (1988), S. 17–25.

388. LUCKE, Albrecht von (2008a): 1968 versus 1989. Der Deutungskampf um das Erinnern. In: Ästhetik und Kommunikation. No. 140/141 Die Revolte. Themen und Motive der Studentenbewegung, 39. Jahrgang, S. 193–198.

389. LUCKE, Albrecht von (2008b): 68 oder neues Biedermeier. Der Kampf um die Deutungsmacht. Berlin: Klaus Wagenbach.

390. MEYER, Till (1996): Staatsfeind: Erinnerungen. Hamburg: Spiegel-Buchverlag.

391. MOHR, Reinhard (2008): Der diskrete Charme der Rebellion. Ein Leben mit den 68ern. Berlin: wjs.

392. MOSLER, Peter (1977): Was wir wollten, was wir wurden. Studentenrevolte – zehn Jahre danach. Mit einer Chronologie von Wolfgang Kraushaar. Reinbek bei Hamburg: Rowohlt.

393. MÜLLER, Wolfgang C. (1970): Das Elend unserer Anstandserziehung. In: Kerbs, Diethart/Müller Wolfgang C./Krummteich, Hanna/Drechsel, Wiltrud Ulrike/Tietgens, Hans/Heine, Hartwig (Hrsg.): Das Ende der Höflichkeit. Für eine Revision der Anstandserziehung. München: Juventa, S. 34–49.

394. NOELLE-NEUMANN, Elisabeth/PETERSEN, Thomas (2001): Zeitenwende – Der Wertewandel 30 Jahre später. In: Aus Politik und Zeitgeschichte, B 29/2001, S. 15–22.

395. PRZYTULLA, Dagmar (2002): Niemand ahnte, dass wir ein ziemlich verklemmter Haufen waren. In: Kätzel, Ute: Die 68erinnen. Porträt einer rebellischen Frauengeneration. Berlin: Rowohlt, S. 201–219.

396. REINDERS, Ralf/FRITZSCH, Ronald (1995): Die Bewegung 2. Juni: Gespräche über Haschrebellen, Lorenz-Entführung, Knast. Berlin: Edition ID-Archiv.

397. RIEDEN, Charlotte (1970): Ich lebte in einer Kommune: Eine Studentin berichtet über ein Experiment junger Menschen und ihre Erfahrungen. Mit einem Kommentar aus psychologischer Sicht von Charlotte Rieden. Berlin: Morus.

398. RÖHL, Klaus Rainer (1974): Fünf Finger sind keine Faust: Eine Abrechnung. Köln: Kiepenheuer & Witsch.

399. ROSENBERG, Rainer/MÜNZ-KOENEN, Inge/BODEN, Petra (Hrsg.) (2000): Der Geist der Unruhe: 1968 im Vergleich. Wissenschaft – Literatur – Medien. Berlin: Akademie.

400. ROSS, Kristin (2002): May '68 and Its Afterlives. Chicago/London: The University of Chicago Press.

401. SCHNEIDER, Franz (Hrsg.) (1993): Dienstjubiläum einer Revolte: „1968" und 25 Jahre. München: v. Hase & Koehler.

402. SCHUBERT, Venanz (Hrsg.) (1999): 1968 – 30 Jahre danach. St. Ottilien: EOS. (= Wissenschaft und Philosophie; 17)

403. SEIBOLD, Carsten (1988): Die 68er. Das Fest der Rebellion. München: Knaur.

3. Akteure, Praktiken und Themen der Protestbewegung

3.1 Akteure des Protests

404. ARCHIV DER DEUTSCHEN JUGENDBEWEGUNG (Hrsg.) (2008): Historische Jugendforschung: Jugendbewegung und Kulturrevolution um 1968. Schwalbach: Wochenschau. (= Historische Jugendforschung. Jahrbuch des Archivs der deutschen Jugendbewegung, NF Band 4/2007)

405. ASCHMONEIT, Walter (1998): Internationale Solidarität und intellektuelle Wunschlandschaft. In: Lönnendonker, Siegward (Hrsg.): Linksintellektueller Aufbruch zwischen „Kulturrevolution" und „Kultureller Zerstörung". Der Sozialistische Deutsche Studentenbund (SDS) in der Nachkriegsgeschichte. Dokumentation eines Symposiums. Opladen: Westdeutscher, S. 235–242. (= Schriften des Zentralinstituts für sozialwissenschaftliche Forschung der Freien Universität Berlin; 83)

406. BOTHIEN, Horst-Pierre (2007): Protest und Provokation. Bonner Studenten 1967/1968. Forum Geschichte 6. Essen: Klartext.

407. BROKAW, Tom (2007): Boom! Voices of the Sixties. Personal Reflections on the '60s and Today. New York: Random House Large Print.

408. CHAUSSY, Ulrich (1985): Die drei Leben des Rudi Dutschke: Eine Biographie. Ungekürzte, vom Autor überarbeitete. Fassung. Frankfurt/M.: Fischer-Taschenbuch.

409. CHAUSSY, Ulrich (1999): Rudi Dutschke: Ein kurzes und doch nachhaltiges Leben. In: Geiger, Helmut/Roether, Armin (Hrsg.) Dutschke und Bloch: Zivilgesellschaft damals und heute. Mössingen: Talheimer, S. 22–37. (= Sammlung Kritisches Wissen; 32)

410. CHAUSSY, Ulrich (2018): Rudi Dutschke. Die Biographie. München: Droemer.

411. DITFURTH, Jutta (2007): Ulrike Meinhof. Die Biografie. Berlin: Ullstein.

412. GILCHER-HOLTEY, Ingrid (2009a): Der Tod des Benno Ohnesorg – Ikone der Studentenbewegung. In: Bilder im Kopf, Ikonen der Zeitgeschichte. Hg. von der Stiftung Haus der Geschichte der Bundesrepublik Deutschland, Köln: DuMont, S. 120–129.

413. FREI, Norbert (2008b): 1968. Jugendrevolte und globaler Protest. Erweiterte und aktualisierte Taschenbuchausgabe, 2. Aufl. München: dtv.

414. GROB, Marion (1985): Das Kleidungsverhalten jugendlicher Protestgruppen in Deutschland im 20. Jahrhundert am Beispiel des Wandervogels und der Studentenbewegung. Münster: F. Coppenrath.

415. HAHN, Silke (1995): Halbstarke, Hippies und Hausbesetzer. Die Sprache und das Bild der Jugend in der öffentlichen Betrachtung. In: Stötzel, Georg/Wengeler, Martin u.a.: Kontroverse Begriffe: Geschichte des öffentlichen Sprachgebrauchs in der Bundesrepublik Deutschland. Berlin: de Gruyter, S. 211–243.

416. HENNE, Helmut/OBJARTEL, Georg (Hrsg.) (1984): Bibliothek zur historischen deutschen Studenten- und Schülersprache. 6 Bde. Berlin/New York: de Gruyter.

417. HENNE, Helmut (2009): Jugend und ihre Sprache. Darstellung, Materialien, Kritik. 2. Aufl. Hildesheim (u. a.): Olms.

418. KRAUSHAAR, Wolfgang (2001c): Fischer in Frankfurt. Karriere eines Außenseiters. Hamburg: Hamburger Edition.

419. KRAUSHAAR, Wolfgang/WIELAND, Karin/REEMTSMA, Jan Philipp (2005): Rudi Dutschke, Andreas Baader und die RAF. Hamburg: Hamburger Edition.

420. LANGGUTH, Gerd (2001): Mythos '68. Die Gewaltphilosophie von Rudi Dutschke – Ursachen und Folgen der Studentenbewegung, München: Olzog.

421. MICHELERS, Detlef (2002): Draufhauen, draufhauen, nachsetzen! Die Bremer Schülerbewegung, die Straßenbahndemonstrationen und ihre Folgen 1967/70. Bremen: Edition Temmen.

422. NEUSÜSS, Arnhelm (2008): Aufstand der Einzigen. Wie sich die deutschen Studenten einmal mit Marx empörten. In: Ästhetik und Kommunikation No. 140/141 Die Revolte. Themen und Motive der Studentenbewegung, 39. Jahrgang, S. 173–192.

423. PREUSS, Ulrich K. (2008): Carl Schmitt – auch er ein Lehrer der Studentenbewegung? In: Ästhetik und Kommunikation No. 140/141 Die Revolte. Themen und Motive der Studentenbewegung, 39. Jahrgang, S. 65–76.

424. SCHLICHT, Uwe (1980): Vom Burschenschafter bis zum Sponti. Studentische Opposition gestern und heute. Berlin: Colloquium.

425. SCHMID, Thomas (1978): Stämme und Stammtisch oder Bescheidener Vorschlag, die alternativen Institutionen wieder abzuschaffen In: Kraushaar, Wolfgang (Hrsg.): Autonomie oder Getto? Kontroversen über die Alternativbewegung. Frankfurt/M.: Neue Kritik, S. 86–94.

426. SCHMIDT, Götz (2008): Linke Studenten und Bauern in den 70er Jahren. Ein Blick zurück auf 68 und die Folgen In: Ästhetik und Kommunikation No. 140/141 Die Revolte. Themen und Motive der Studentenbewegung, 39. Jahrgang, S. 119–134.

427. SCHMIDTKE, Michael (2003): Der Aufbruch der jungen Intelligenz. Die 68er-Jahre in der Bundesrepublik und den USA. Frankfurt/M./New York: Campus.

428. TERRAY, Emmanuel (1997): 1968 – Glanz und Elend der Intellektuellen. In: François, Etienne/Middell, Matthias/Terray, Emmanuel/Wierling, Dorothee (Hrsg.): 1968 – Ein europäisches Jahr? Leipzig: Leipziger Universitätsverlag, S. 37–42. (= Beiträge zur Universalgeschichte und vergleichenden Gesellschaftsforschung; 6)

3.2 (Kommunikative) Praktiken des Protests

429. BALISTIER, Thomas (1996): Straßenprotest: Formen oppositioneller Politik in der Bundesrepublik Deutschland zwischen 1979 und 1989. Münster: Westfälisches Dampfboot.

430. BEHRENDT, Walter/GALONSKE, Elmar/HEIDEMANN, Kira/WOLTER, Bernhard (1982): Zur Sprache der Spontis. In: Muttersprache 92, S. 146–162.

431. BERLIT, Anna Christina (2007): Notstandskampagne und Rote-Punkt-Aktion. Die Studentenbewegung in Hannover 1967–1969. Bielefeld: Verlag für Regionalgeschichte. (= Hannoversche Schriften zur Regional- und Lokalgeschichte; 20)

432. BÖCKELMANN, Frank/NAGEL, Herbert (2002): Subversive Aktion: Der Sinn der Organisation ist ihr Scheitern. Frankfurt/M.: Neue Kritik.

433. BOESCH, Bruno (1971): Die Sprache der studentischen Opposition. In: Einst und Jetzt 16 (1971), S. 7–17.

434. BOESCH, Bruno (1972): BOESCH, Bruno (1972): Die Sprache des Protestes. In: Schlemmer, Johannes (Hrsg.): Sprache – Brücke und Hindernis. 23 Beiträge nach einer Sendereihe des „Studio Heidelberg" des Süddeutschen Rundfunks. München: R. Piper & Co., S. 261–272.

435. BUREL, Simone (2013): Politische Lieder der 68er – Eine linguistische Analyse kommunikativer Texte. Hrsg. v., Institut für deutsche Sprache, Mannheim. (= amades 46)

436. CZUBAYKO, Astrid (1991): Der Zusammenhang von Sprache und Erfahrung. Am Beispiel der Konventionalität der Verständigung in Studenten- und Alternativbewegung. Wuppertal: Dissertation Universität-Gesamthochschule Wuppertal.

437. CZUBAYKO, Astrid (1997): Die Sprache von Studenten- und Alternativbewegung. Aachen: Shaker.

438. DELABAR, Walter (2008): „Burn, ware-house, burn!" Zu den Flugblättern der Kommune I.
[http://www.literaturkritik.de/public/rezension.php?rez_id=11455] [09.08.2018]

439. DURRER, Lorenz (2007): Born to be wild. Rockmusik und Protestkultur in den 1960er Jahren. In: Klimke, Martin/Scharloth, Joachim (Hrsg.): 1968 – Handbuch zur Kultur- und Mediengeschichte der Studentenbewegung. Stuttgart: Metzler, S. 161–174.

440. EICKHOFF, Hajo (1999): Sitzen in den 60er Jahren. In: Breuer, Gerda/Peters, Andrea/Plüm, Kerstin: Die 60er. Positionen des Designs. Köln/Wuppertal: Wienand, S. 128–134.

441. FAHLENBRACH, Kathrin (2010): Körper-Revolten. Mediale Körperinszenierungen und Medienereignisse um '68. In: Bösch, Frank/Schmidt, Patrick (Hrsg.): Medialisierte Körper. Medien und Performanz seit dem 18. Jahrhundert. Frankfurt/M.: Campus. S. 223–246.

442. GÖTSCH, Katharina (2007): Linke Liedermacher. Das politische Lied der sechziger und siebziger Jahre in Deutschland. Innsbruck: Limbus.

443. GROB, Marion (1985): Das Kleidungsverhalten jugendlicher Protestgruppen in Deutschland im 20. Jahrhundert am Beispiel des Wandervogels und der Studentenbewegung. Münster: F. Coppenrath.

444. HINRICHS, Uwe (1984): Studentensprache, Spontisprache. In: Muttersprache 94/1983–84, S. 404–416.

445. HOLMIG, Alexander (2007): Die aktionistischen Wurzeln der Studentenbewegung. Subversive Aktion, Kommune I und die Neudefinition des Politischen. In: Klimke, Martin/Scharloth, Joachim (Hrsg.): 1968. Handbuch zur Kultur- und Mediengeschichte der Studentenbewegung. Stuttgart: Metzler, S. 107–118.

446. JOURDAIN, Céline (2008): Hotcha! Publizieren im Untergrund. In: Linke, Angelika/Scharloth, Joachim (Hrsg.): Der Zürcher Sommer 1968. Zwischen Krawall, Utopie und Bürgersinn. Zürich: NZZ Libro, S. 137–146.

447. KRAUS, Dorothea (2007): Straßentheater als politische Protestform. In: Klimke, Martin/Scharloth, Joachim (Hrsg.): 1968. Handbuch zur Kultur- und Mediengeschichte der Studentenbewegung. Stuttgart: Metzler, S. 89–100.

448. KRAUS, Dorothea (2007b): Theater-Proteste: Zur Politisierung von Straße und Bühne in den 1960er Jahren. Frankfurt/M.: Campus. (= Historische Politikforschung; 9)

449. KUHN, Fritz (1983): Überlegungen zur politischen Sprache der Alternativbewegung. In: Sprache und Literatur in Wissenschaft und Unterricht 14, H. 51, S. 61–79.

450. HUSSLEIN, Uwe (1995): Free Press. Von der Undergroundzeitung zum Stadtmagazin. In: Polster, Bernd (Hrsg.): Westwind: Die Amerikanisierung Europas. Köln: DuMont, S. 156–163.

451. KLIMKE, Martin (2007): Sit-In, Teach-In, Go-In: Die transnationale Zirkulation kultureller Praktiken in den 1960er Jahren. In: Klimke, Martin/Scharloth, Joachim (Hrsg.): 1968. Handbuch zur Kultur- und Mediengeschichte der Studentenbewegung. Stuttgart: Metzler, S. 119–135.

452. KUHLBRODT, Dietrich (2008): Das Andere Kino. In: Ästhetik und Kommunikation. No. 140/141 Die Revolte. Themen und Motive der Studentenbewegung, 39. Jahrgang, S. 89–94.

453. LÄMMERT, Eberhard (1968): Brandstiftung durch Flugblätter? Ein Gutachten. In: Sprache im technischen Zeitalter, S. 321–329.

454. MATTHEIER, Klaus J. (2001): Protestsprache und Politjargon. Über die problematische Identität einer ‚Sprache der Achtundsechziger'. In: Ott, Ulrich/Luckscheiter, Roman (Hrsg.): Belles lettres/Graffiti. Soziale Phantasien und Ausdrucksformen der Achtundsechziger. Göttingen: Wallstein, S. 79–90.

455. MIERMEISTER, Jürgen/STAADT, Jochen (Hrsg.) (1980): Provokationen. Die Studenten- und Jugendrevolte in ihren Flugblättern 1965–1971. Darmstadt/Neuwied: Luchterhand.

456. NAIL, Norbert (2018): „1968" im studentischen Sprachgebrauch. Spurensuche an der Philipps-Universität Marburg. In: Studenten-Kurier 1/18, S. 5–7.

457. NEGRINE, Ralph (2014): Demonstrations, protest, and communication: Changing media landscapes – changing media practices? In: Fahlenbrach, Kathrin/Sivertsen, Erling/Werenskjold, Rolf (Hrsg.): Media and Revolt. Strategies and Performances from the 1960s to the Present, 1st ed. New York/Oxford: Berghahn Books, S. 59–74.

458. PAPENBROCK, Martin (2007): Happening, Fluxus, Performance: Aktionskünste in den 1960er Jahren. Klimke, Martin/Scharloth, Joachim (Hrsg.): 1968. Handbuch zur Kultur- und Mediengeschichte der Studentenbewegung. Stuttgart: Metzler, S. 137–149.

459. PAPPERT, Steffen/MELL, Ruth Maria (i. Dr.): Praktiken der Partizipation in den Protestdiskursen 1968 und 1989. In: Bock, Bettina/Dreesen, Philipp (Hrsg.): Sprache und Partizipation in Geschichte und Gegenwart. Bremen: Hempen.

460. PAPPERT, Steffen/SCHARLOTH, Joachim (i. Dr.): Sprachrevolten (1968; DDR 1989). In: Kilian, Jörg/Niehr, Thomas/Schiewe, Jürgen (Hrsg.): Handbuch Sprachkritik. Stuttgart: Metzler.

461. POIGER, Uta G. (2000): Jazz, Rock and Rebels. American Culture in a Divided Germany. Berkeley/Los Angeles: University of California Press.

462. REICHARDT, Sven (2007): Inszenierung und Authentizität. Zirkulation visueller Vorstellungen über den Typus des linksalternativen Körpers, in: Knoch, Habbo (Hrsg.): Bürgersinn mit Weltgefühl. Politische Moral und solidarischer Protest in den sechziger und siebziger Jahren. Göttingen: Wallstein, S. 225–250.

463. ROTH, Kersten Sven (2012): Das politische Liedermacherlied vor, während und nach 1968 – zur Modellierung dynamischer Textsorten-Diskurs-Relationen. In: Kämper, Heidrun/Scharloth, Joachim/Wengeler, Martin (Hrsg.): „1968". Eine sprachwissenschaftliche Zwischenbilanz. Berlin/New York: de Gruyter, S. 163–199. (= Sprache und Wissen 6)

464. RUPPERT, Wolfgang (2000): Zur Konsumwelt der 60er Jahre. In: Schildt, Axel/Siegfried, Detlef/Lammers, Karl Christian (Hrsg.): Dynamische Zeiten. Die 60er Jahre in den beiden deutschen Gesellschaften. Hamburg: Hans Christians, S. 752–767.

465. RUPPERT, Wolfgang (Hrsg.) (1998): Um 1968. Die Repräsentation der Dinge. Marburg: Jonas Verlag für Kunst und Literatur.

466. SANDER, Hartmut/CHRISTIANS, Ulrich (Hrsg.) (1969): Subkultur Berlin. Selbstdarstellung, Text-, Ton-, Bilddokumente. Esoterik der Kommunen, Rocker, subversiven Gruppen. Darmstadt: März.

467. SCHARLOTH, Joachim (2007c): Ritualkritik und Rituale des Protests. Die Entdeckung des Performativen in der Studentenbewegung der 1960er Jahre. In: Klimke, Martin/Scharloth, Joachim (Hrsg.): 1968. Handbuch zur Kultur- und Mediengeschichte der Studentenbewegung. Stuttgart: Metzler, S. 75–87.

468. SCHARLOTH, Joachim (2008): Kommunikationsguerilla 1968. Strategien der Subversion symbolischer Ordnung in der Studentenbewegung. In: Kutschke, Beate (Hrsg.): Musikkulturen in der Revolte. Stuttgart: Franz Steiner, S. 187–196.

469. SCHEPERS, Wolfgang (Hrsg.) (1998): '68 – Design und Alltagskultur zwischen Konsum und Konflikt. Köln: DuMont.

470. SCHMITZ, Ulrich (2001): Die Tübinger Flugblätter des Sommersemesters 1968. In: Diekmannshenke, Hajo/Meißner, Iris (Hrsg.): Politische Kommunikation im historischen Wandel. Tübingen: Stauffenburg, S. 289–307. (= Stauffenburg Linguistik; 19)

471. SCHNOZ, Monika (2008): Ein Hauch von Kulturrevolution. Die Wandzeitungen der Marathondiskussion „Sechs Tage Zürcher Manifest". In: Linke, Angelika/Scharloth, Joachim (Hrsg.): Der Zürcher Sommer 1968. Zwischen Krawall, Utopie und Bürgersinn. Zürich: NZZ Libro, S. 119–128.

472. SCHNOZ, Monika (2012): Die Wandzeitungen des Sechstagerennens. Zur kommunikativen Funktion eines alternativen Mediums. In: Kämper, Heidrun/Scharloth, Joachim/Wengeler, Martin (Hrsg.): „1968". Eine sprachwissenschaftliche Zwischenbilanz. Berlin/New York: de Gruyter, S. 245–255. (= Sprache und Wissen 6)

473. STOECKL, Peter (1994): Kommune und Ritual: Das Scheitern einer utopischen Gemeinschaft. Frankfurt/M.: Campus.

474. STROBEL, Ricarda (2003): Architektur, Design und Mode zwischen Funktionalismus und Pop. In: Faulstich, Werner (Hrsg.): Die Kultur der 60er Jahre. München: Wilhelm Fink, S. 145–165.

475. TCHIRCH, Fritz (1970): Sit-in, Go-in, Teach-in. Beispiele jüngster Pejorisierung. In: Zeitschrift für deutsche Sprache 26, S. 37–41.

476. TIL, Barbara (1998): Anarchie und Kleiderwirbel: Mode 68. In: Schepers, Wolfgang (Hrsg.): '68 – Design und Alltagskultur zwischen Konsum und Konflikt. Köln: DuMont, S. 104–117.

477. UESSELER, Manfred (1974): Der Protestcharakter der Prägungen vom Typ sit-in und analoger Bildungen. In: Zeitschrift für Anglistik und Amerikanistik 22/1, S. 66–72.

478. VERHEYEN, Nina (2003): Diskutieren in der frühen Bundesrepublik. Zur Kulturgeschichte des „besseren" Arguments zwischen Re-Education und Studentenbewegung. In: WZB Discussion Paper, Nr. SP IV, 2003–2504. WZB: Wissenschaftszentrum Berlin für Sozialforschung, S. 1–33.

479. VERHEYEN, Nina (2007): Diskussionsfieber: Diskutieren als kommunikative Praxis in der westdeutschen Studentenbewegung. In: Klimke,

Martin/Scharloth, Joachim (Hrsg.): 1968 – Ein Handbuch zur Kultur- und Mediengeschichte der Studentenbewegung. Stuttgart: Metzler, S. 209–221.

480. VERHEYEN, Nina (2012): Distinktion durch Diskussion. 1968 und die sozialen Folgen verbaler Interaktion. In: Kämper, Heidrun/Scharloth, Joachim/Wengeler, Martin (Hrsg.): „1968". Eine sprachwissenschaftliche Zwischenbilanz. Berlin/New York: de Gruyter, S. 227–244. (= Sprache und Wissen 6)

481. WEISSLER, Sabine (2007): Unklare Verhältnisse: 1968 und die Mode. In: Klimke, Martin/Scharloth, Joachim (Hrsg.): 1968 – Ein Handbuch zur Kultur- und Mediengeschichte der Studentenbewegung. Stuttgart: Metzler, S. 305–310.

482. ZIMMER, Dieter E. (1986): Das brüderliche Du. Über Anredekonventionen. In: Zimmer, Dieter E. (Hrsg.): RedensArten. Über Trends und Tollheiten im neudeutschen Sprachgebrauch. Zürich: Haffmanns, S. 51–62.

483. ZOLLINGER, Peter (1969): Aktiver Streik: Dokumentation zu einem Jahr Hochschulpolitik am Beispiel der Universität Frankfurt am Main. Darmstadt: Melzer.

3.3   Themen des Protests: Antiautoritarismus und Gesellschaft

484. AMENDT, Gerhard (1994): Über das Suzen und Diezen an der deutschen Reformuniversität. Leviathan 3, S. 307–317.

485. AMENDT, Gerhard (1995): Du oder Sie: 1945–1968–1995. Bremen: Ikaru.

486. ANSELM, Sigrun (2008): Von der sozialen zur sexuellen Revolution. In: Ästhetik und Kommunikation No. 140/141 Die Revolte. Themen und Motive der Studentenbewegung, 39. Jahrgang, S. 77–88.

487. BAUSINGER, Hermann (1979): Sie oder Du? Zum Wandel der pronominalen Anrede im Deutschen. In: Ezawa, Kennosuke/Rensch, Karl H./ Bethge, Wolfgang (Hrsg.): Sprache und Sprechen. Festschrift Für Eberhard Zwirner zum 80. Geburtstag. Tübingen: Niemeyer, S. 3–11.

488. BAYER, Klaus (1979): Die Anredepronomina Du und Sie – Thesen zu einem semantischen Konflikt im Hochschulbereich. In: Deutsche Sprache 3 (1979), S. 212–219.

489. BERING, Dietz (2012): Die 68er – anti-intellektuelle Intellektuelle? In: Kämper, Heidrun/Scharloth, Joachim/Wengeler, Martin (Hrsg.): „1968". Eine sprachwissenschaftliche Zwischenbilanz. Berlin/New York: de Gruyter, S. 307–334. (= Sprache und Wissen 6)

490. BERNDT, Heide (1969): Kommune und Familie. Kursbuch 17 (Juni 1969), S. 129–146.

491. BESCH, Werner (1996): Duzen, Siezen, Titulieren: Zur Anrede im Deutschen heute und gestern. Göttingen: Vandenhoeck & Ruprecht. (= Kleine Vandenhoeck-Reihe 1578)

492. BESCH, Werner (2003): Anredeformen des Deutschen im geschichtlichen Wandel. In: Besch, Werner/Betten, Anne/Reichmann, Oskar/Sonderegger, Stefan (Hrsg.): Sprachgeschichte. Ein Handbuch zur Geschichte der deutschen Sprache und ihrer Erforschung. 2. vollst. neu bearb. u. erw. Aufl. Berlin/New York: de Gruyter, S. 2599–2628. (= Handbücher zur Sprach- und Kommunikationswissenschaft; Band 2/3)

493. BRAND, Karl-Werner/BÜSSER, Detlef/RUCHT, Dieter (1983): Aufbruch in eine andere Gesellschaft. Neue soziale Bewegungen in der Bundesrepublik. Frankfurt/M./New York: Campus.

494. EITLER, Pascal (2007): Die ‚sexuelle Revolution' – Körperpolitik um ‚1968.' In: Klimke, Martin/Scharloth, Joachim (Hrsg.): 1968 – Handbuch zur Kultur- und Mediengeschichte der Studentenbewegung. Stuttgart: Metzler, S. 235–246.

495. ENZENSBERGER, Ulrich (2004): Die Jahre der Kommune I. Berlin 1967–1969. Köln: Kiepenheuer & Witsch.

496. FINKENSTAEDT, Thomas (1981): Duzen ohne Du. Zur Anrede, vornehmlich im Deutschen. In: Jahrbuch für Volkskunde 4, S. 7–30.

497. FRÖMEL, Kerstin/HOPP, Ursula (1996): Die Sexualsprache in Aufklärungsbüchern für Jugendliche (1960–1994). Textanalyse ausgewählter Sexualwörter. In: Kluge, Norbert (Hrsg.): Jugendliche Sexualsprache – eine gesellschaftliche Provokation. Landau: Petra Knecht, S. 69–136.

498. GILCHER-HOLTEY, Ingrid (1994): Die Nacht der Barrikaden. Eine Fallstudie zur Dynamik sozialen Protests. In: Neidhardt, Friedhelm (Hrsg.): Öffentlichkeit, öffentliche Meinung, soziale Bewegungen. Kölner Zeitschrift für Soziologie und Sozialpsychologie. Sonderband 34, S. 375–392.

499. HERZOG, Dagmar (2001): Antifaschistische Körper: Studentenbewegung, sexuelle Revolution und antiautoritäre Kindererziehung. In: Naumann, Klaus (Hrsg.): Nachkrieg in Deutschland. Hamburg: Hamburger Edition, S. 521–551.

500. HERZOG, Dagmar (2007): Sex after Fascism: Memory and Morality in Twentieth-Century Germany. Princeton, N.J.: Princeton University Press.

501. KÄTZEL, Ute (2001): Frauen suchen ihre Identität. Die Revolte der Frauen in der 68er Bewegung In: Praxis Geschichte, 2001, 14, S. 23–28.

502. KÄTZEL, Ute (2002): Die 68erinnen. Porträt einer rebellischen Frauengeneration. Berlin: Rowohlt.

503. KERBS, Diethart/MÜLLER, Wolfgang C. (1970a): Zur Einführung. In: Kerbs, Diethart/Müller Wolfgang C./Krummteich, Hanna/Drechsel, Wiltrud Ulrike/Tietgens, Hans/Heine, Hartwig (Hrsg.): Das Ende der Höflichkeit. Für eine Revision der Anstandserziehung. München: Juventa, S. 7–10.

504. KERBS, Diethart/MÜLLER, Wolfgang C. (1970b): Jenseits der Anstandserziehung. In: Kerbs, Diethart/Müller Wolfgang C./Krummteich, Hanna/Drechsel, Wiltrud Ulrike/Tietgens, Hans/Heine, Hartwig (Hrsg.): Das

Ende der Höflichkeit. Für eine Revision der Anstandserziehung. München: Juventa, S. 154–173.

505. KERBS, Diethart/MÜLLER, Wolfgang C./KRUMMTEICH, Hanna/DRECHSEL, Wiltrud Ulrike/TIETGENS, Hans/HEINE, Hartwig (Hrsg.) (1970): Das Ende der Höflichkeit. Für eine Revision der Anstandserziehung. München: Juventa.

506. KIESSLING, Simon (2006): Die antiautoritäre Revolte der 68er – Postindustrielle Konsumgesellschaft und säkulare Religionsgeschichte der Moderne. Köln: Böhlau.

507. KRETZENBACHER, Heinz Leonhard (1991): Vom Sie zum Du – und retour? In: Kretzenbacher, Heinz Leonhard/Segebrecht, Wulf (Hrsg.): Vom Sie Zum Du – mehr als eine neue Konvention? Antworten auf die Preisfrage der Deutschen Akademie für Sprache und Dichtung vom Jahr 1989, Hamburg/Zürich: Luchterhand Literatur, S. 9–77.

508. MEIN, Wolf/WEGEN, Lisa (1971): Die Pop-Kommune. Dokumentation über Theorie und Praxis einer neuen Form des Zusammenlebens. München: Heyne.

509. REICHARDT, Sven (2005): „Wärme" als Modus sozialen Verhaltens? Vorüberlegungen zu einer Kulturgeschichte des linksalternativen Milieus vom Ende der sechziger bis Anfang der achtziger Jahre. In: Vorgänge – Zeitschrift für Bürgerrechte und Gesellschaftspolitik 171/172 (2005), S. 175–187.

510. REICHARDT, Sven/SIEGFRIED, Detlef (2010): Das Alternative Milieu. Konturen einer Lebensform. In: Reichardt, Sven/Siegfried, Detlef (Hrsg.): Das Alternative Milieu. Antibürgerlicher Lebensstil und linke Politik in der Bundesrepublik Deutschland und Europa, 1968–1983. Göttingen: Wallstein, S. 9–24.

511. REICHE, Reimut (1988): Sexuelle Revolution – Erinnerung an einen Mythos. In: Baier, Lothar/Gottschalch/Reimut Reiche, Wilfried/Schmid, Thomas/Schmierer, Joscha/Sichtermann, Barbara/Sofri, Adriano (Hrsg.): Die Früchte der Revolte. Über die Veränderung der politischen Kultur durch die Studentenbewegung. Berlin: Wagenbach, S. 45–72.

512. REICHE, Reimut (2003): Sexuelle Revolution – Erinnerungen an einen Mythos. In: Kraushaar, Wolfgang (Hrsg.) (2003): Frankfurter Schule und Studentenbewegung. Von der Flaschenpost zum Molotowcocktail 1946 bis 1995. Bd. 3. Hamburg: Hamburger Edition Digital, S. 150–166.

513. SCHULZ, Kristina (1998): „Bräute der Revolution": Kollektive und individuelle Intervention von Frauen in der 68er Bewegung und ihre Bedeutung für die Formierung der neuen Frauenbewegung. In: Westfälische Forschungen, 48/1998, S. 97–116.

514. SCHUNTER-KLEEMANN, Susanne (2002): Wir waren Akteurinnen und nicht etwa die Anhängsel. In: Kätzel, Ute: Die 68erinnen. Porträt einer rebellischen Frauengeneration. Berlin: Rowohlt, S. 101–119.

3.4 Themen des Protests: Gewalt, NS-Vergangenheit, Terror und die RAF

515. BECKER, Jillian (1977): Hitler's Children. Philadelphia/New York: Lippincott.

516. FICHTER, Tilman P./SCHMIDT, Ute (2008): SDS und NS-Vergangenheit. In: Ästhetik und Kommunikation. No. 140/141 Die Revolte. Themen und Motive der Studentenbewegung, 39. Jahrgang, S. 155–58.

517. HAKEMI, Sara (2007): Das terroristische Manifest. Die erste Generation der RAF im Kontext avantgardistischer und neo-avantgardistischer Diskurse. In: Klimke, Martin/Scharloth, Joachim (Hrsg.): 1968. Handbuch zur Kultur- und Mediengeschichte der Studentenbewegung. Stuttgart: Metzler, S. 277–288.

518. HECKEN, Thomas (2006): Avantgarde und Terrorismus. Rhetorik der Intensität und Programme der Revolte von den Futuristen bis zur RAF. Bielefeld: Transcript.

519. HOLTFRETER, Jürgen/LUSK, Irene/SIEPMANN, Eckhard (Hrsg.) (1984): CheSchahShit. Die sechziger Jahre zwischen Cocktail und Molotow. Reinbek bei Hamburg: Rowohlt.

520. KILIAN, Jörg (2012): Gewaltsamkeiten: Studenten, ihre Sprache und die Eskalation eines Themas zwischen akademischem Diskurs und Straßenkampf. In: Kämper, Heidrun/Scharloth, Joachim/Wengeler, Martin (Hrsg.): „1968". Eine sprachwissenschaftliche Zwischenbilanz. Berlin/New York: de Gruyter. S. 287–305. (= Sprache und Wissen 6)

521. KLEIN, Hans-Joachim (1979): Rückkehr in die Menschlichkeit: Appell eines ausgestiegenen Terroristen. Reinbek bei Hamburg: Rowohlt.

522. KRAUSHAAR, Wolfgang (Hrsg.) (2008): Die RAF. Entmythologisierung einer terroristischen Organisation. Bonn: Bundeszentrale für politische Bildung.

523. LANGER, Günter (1984): Der Berliner ,Blues': Tupamaros und umherschweifende Haschrebellen zwischen Wahnsinn und Verstand. In Holtfreter, Jürgen/Lusk, Irene/Siepmann, Eckhard (Hrsg.): CheSchahShit. Die sechziger Jahre zwischen Cocktail und Molotow. Reinbek bei Hamburg: Rowohlt, S. 195–203.

524. LUDWIG, Andrea (1995): Neue oder Deutsche Linke? Nation und Nationalismus im Denken von Linken und Grünen. Opladen: Westdeutscher.

525. MUSOLFF, Andreas (2012): Die RAF als „Hitler's children"? – Öffentlicher Terrorismus-Diskurs und „Vergangenheitsbewältigung". In: Kämper, Heidrun/Scharloth, Joachim/Wengeler, Martin (Hrsg.): „1968". Eine sprachwissenschaftliche Zwischenbilanz. Berlin/New York: de Gruyter, S. 399–414. (= Sprache und Wissen 6)

526. RUSINEK, Bernd-A. (2000): Von der Entdeckung der NS-Vergangenheit zum generellen Faschismusverdacht – akademische Diskurse in der Bundesrepublik der 60er Jahre. In: Schildt, Axel/Siegfried, Detlef/

Lammers, Karl Christian (Hrsg.): Dynamische Zeiten. Die 60er Jahre in den beiden deutschen Gesellschaften. Hamburg: Hans Christians, S. 114–147.

527.   SCHMIDT, Giselher (2001): Die 68er Legende – Mythen und Tatsachen. In: Die neue Ordnung, 2001, 3, S. 216–223.

528.   SEITENBECHER Manuel (2013): Mahler, Maschke & Co. Rechtes Denken in der 68er-Bewegung? Paderborn: Ferdinand Schöningh.

529.   SIEGFRIED, Detlef (2003): Zwischen Aufarbeitung und Schlußstrich. Der Umgang mit der NS-Vergangenheit in den beiden deutschen Staaten 1958 bis 1969. In: Schildt, Axel/Siegfried, Detlef/Lammers, Karl Christian (Hrsg.): Dynamische Zeiten. Die 60er Jahre in den beiden deutschen Gesellschaften. Hamburg: Hans Christians, S. 77–113.

530.   SONTHEIMER, Kurt (2001): Die gescheiterte Revolution. Zwischen Naivität und Gewaltbereitschaft. In: Die politische Meinung, Nr. 378 (Mai 2001), S.11–15.

531.   SPREEN, Dierk (2008): Krieg in der Zivilgesellschaft. Zur Problematik der Rede vom permanenten Ausnahmezustand. In: Ästhetik und Kommunikation No. 140/141 Die Revolte. Themen und Motive der Studentenbewegung, 39. Jahrgang, S. 199–208.

532.   WINKLER, Willi (2007): Die Geschichte der RAF. Berlin: Rowohlt.

533.   WIRTH, Hans-Jürgen (Hrsg.) (2001): Hitlers Enkel oder Kinder der Demokratie? Die 68er, die RAF und die Fischer-Debatte. Gießen: Psychosozial Verlag.

534.   WISLER, Dominique (1996): Drei Gruppen der Neuen Linken auf der Suche nach der Revolution. Zürich: Seismo.

4. ‚1968' als globale Bewegung

535. BROWN, Timothy Scott/LISON, Andrew (Hrsg.) (2014): The Global Sixties in Sound and Vision. Media, Counterculture, Revolt. Basingstoke: Palgrave Macmillan.

536. CHUN, Lin (1993): The British New Left. Edinburgh: Edinburgh University Press.

537. DEGROOT, Gerard J. (2008): The Sixties Unplugged. A Kaleidoscopic History of a Disorderly Decade. Cambridge, Mass./London: Harvard University Press.

538. FINK, Carole/GASSERT, Philipp/JUNKER, Detlef (Hrsg.) (1998): 1968. The World Transformed. Washington: Cambridge University Press.

539. FRASER, Ronald (1988): 1968: A Student Generation in Revolt. New York: Pantheon.

540. FREI, Norbert (2008b): 1968. Jugendrevolte und globaler Protest. Erweiterte und aktualisierte Taschenbuchausgabe, 2. Aufl. München: dtv.

541. FREI, Norbert (2018): Protest im Westen, Bewegung im Osten. Parallelitäten und Zusammenhänge um 1968. In: Beitin, Andreas/Gillen, Eckhart (Hrsg.): Flashes of the Future. Die Kunst der 68er oder Die Macht der Ohnmächtigen. Bonn: Bundeszentrale für politische Bildung, S. 30–39.

542. GASSERT, Philipp/KLIMKE, Martin (2009): 1968: Memories and Legacies of a Global Revolt. Washington, DC: GHI Bulletin.

543. GASSERT, Philipp/KLIMKE, Martin (2018): 1968: On the Edge of World Revolution. Montreal: Black Rose Press.

544. GILCHER-HOLTEY, Ingrid (1998b): 1968 in Frankreich und Deutschland. In: Leviathan 26 (1998), H. 4, S. 533–539.

545. GILCHER-HOLTEY, Ingrid (2000): Der Transfer zwischen den Studentenbewegungen von 1968 und die Entstehung einer transnationalen Gegenöffentlichkeit. In: Berliner Journal für Soziologie 10 (2000), S. 485–500.

546. GILCHER-HOLTEY, Ingrid (2001): Die 68er Bewegung. Deutschland – Westeuropa – USA. München: Beck. [4. Aufl. 2008]

547. GILCHER-HOLTEY, Ingrid (2002): Der Transfer zwischen den Studentenbewegungen und die Entstehung einer transnationalen Gegenöffentlichkeit. In: Kaelble, Hartmut/Kirsch, Martin/Schmidt-Gerning, Alexander (Hrsg.): transnationale Öffentlichkeit und Identitäten im 20. Jahrhundert. Frankfurt/M./New York: Campus, S. 303–325.

548. GITLIN, Todd (1980): The Whole World Is Watching: Mass Media in the Making and Unmaking of the New Left. Berkeley: University of California Press.

549. HORN, Gerd-Rainer (2007): The Spirit of '68: Rebellion in Western Europe and North America, 1956–1976. Oxford: Oxford University Press.

550. JIAN, Chen/KIRASIROVA, Masha/KLIMKE, Martin/NOLAN, Mary/YOUNG, Marilyn/WALEY-COHEN, Joanna (2018): The Routledge Handbook of the Global Sixties: Between Protest and Nation-Building. Abingdon/Oxon: Routledge.

551. KASTNER, Jens/MAYER, David (Hrsg.) (2008): Weltwende 1968? Ein Jahr aus globalgeschichtlicher Perspektive. Wien: Mandelbaum. (= Globalgeschichte und Entwicklungspolitik; 7)

552. KATSIAFICAS, George (1987): The Imagination of the New Left. A Global Analysis of 1968. Boston: South End Press.

553. KLIMKE, Martin (2004): Between Berkeley and Berlin, San Francisco and Frankfurt: The Student Movements of the 1960s in Transatlantic Perspective. In: Downs, Jim/Manion, Jennifer (Hrsg.): Taking Back the Academy: History As Activism. New York: Routledge Press, S. 35–56.

554. KLIMKE, Martin (2007): Sit-In, Teach-In, Go-In: Die transnationale Zirkulation kultureller Praktiken in den 1960er Jahren. In: Klimke, Martin/Scharloth, Joachim (Hrsg.): 1968. Handbuch zur Kultur- und Mediengeschichte der Studentenbewegung. Stuttgart: Metzler, S. 119–135.

555. KLIMKE, Martin (2008): 1968 in Europe: A History of Protest and Activism, 1956–77. New York/London: Palgrave Macmillan.

556. KLIMKE, Martin (2010a): 1968 als transnationales Ereignis. In: Rathkolb, Oliver/Stadler, Fritz (Hrsg.): Das Jahr 1968 – Ereignis, Symbol, Chiffre. Göttingen: V&R unipress, S. 19–28. (= Zeitgeschichte im Kontext; 1)

557. KLIMKE, Martin (2010b): Revisiting the Revolution: The Sixties in Transnational Cultural Memory. In: Cornils, Ingo/Hudspith, Sarah (Hrsg.): Memories of 1968: International Perspectives. Bern: Lang, S. 25–47.

558. KLIMKE, Martin (2011): The Other Alliance: Student Protest in West Germany and the United States in the Global Sixties. Princeton, N.J.: Princeton University.

559. KLIMKE, Martin (2012): 1968: Europe in Technicolour. In: Stone, Dan (Hrsg.): The Oxford Handbook of Postwar European History. Oxford: Oxford University Press, S. 243–261.

560. KLIMKE, Martin/SCHARLOTH, Joachim (2008): 1968 in Europe. An Introduction. In: Klimke, Martin/Scharloth, Joachim (Hrsg.): 1968 in Europe. A History of Protest and Activism, 1956–77. With an Afterword by Tom Hayden. New York/London: Palgrave Macmillan, S. 1–9.

561. KLIMKE, Martin/SCHARLOTH, Joachim (Hrsg.) (2008): 1968 in Europe. A History of Protest and Activism, 1956–77. With an Afterword by Tom Hayden. New York/London: Palgrave Macmillan.

562. KRAUSHAAR, Wolfgang (2000): Die erste globale Rebellion. In: Kraushaar, Wolfgang: 1968 als Mythos, Chiffre und Zäsur. Hamburg: Hamburger Edition, S. 19–52.

563.   KRIESI, Hanspeter (1984): Die Zürcher Bewegung. Bilder, Interaktionen, Zusammenhänge, Frankfurt/M./New York: Campus.

564.   KURLANSKY, Marc (2005): 1968. Das Jahr, das die Welt veränderte. Köln: Kiepenheuer & Witsch.

565.   MARWICK, Arthur (1998): The Sixties. Cultural Revolution in Britain, France, Italy and the United States c.1958–c.1974. Oxford: Bloomsbury Reader.

566.   POIGER, Uta G. (2003): Amerikanisierung oder Internationalisierung? Populärkultur in beiden deutschen Staaten. In: Aus Politik und Zeitgeschichte (2003), H. B 45, S. 17–24.

567.   ROTHENHÖFER, Andreas (2012): „Jenes knisternde Vietnamgefühl …“. Perspektivischer Internationalismus und globalisierter Politjargon im deutschen und amerikanischen Protestdiskurs. In: Kämper, Heidrun/ Scharloth, Joachim/Wengeler, Martin (Hrsg.): „1968“. Eine sprachwissenschaftliche Zwischenbilanz. Berlin/New York: de Gruyter, S. 335–356. (= Sprache und Wissen 6)

568.   SURI, Jeremi (2003): Power and Protest: Global Revolution and the Rise of Detente. Cambridge: Harvard University Press.

569.   WALLERSTEIN, Immanuel (1997): 1968 – Eine Revolution im Weltsystem. In: François, Etienne/Middell, Matthias/Terray, Emmanuel/Wierling, Dorothee (Hrsg.): 1968 – Ein europäisches Jahr? Leipzig: Leipziger Universitätsverlag, S. 19–33. (= Beiträge zur Universalgeschichte und vergleichenden Gesellschaftsforschung; 6)

5. Die Protestbewegung und die Medien

570. EICHLER, Antje (2005): Protest im Radio. Die Berichterstattung des Bayerischen Rundfunks über die Studentenbewegung 1967/68. Frankfurt/M. u. a.: Lang. (= Studien zur Geschichte des Bayerischen Rundfunks; 3)

571. HODENBERG, Christina von (2006): Der Kampf um die Redaktionen. In: Hodenberg, Christina von/Siegfried, Detlef (Hrsg.): Wo ,1968' liegt: Reform und Revolte in der Geschichte der Bundesrepublik. Göttingen: Vandenhoeck & Ruprecht, S. 139–163.

572. HODENBERG, Christina von (2011): Ekel Alfred und die Kulturrevolution: Unterhaltungsfernsehen als Sprachrohr der 68er-Bewegung? In: Geschichte in Wissenschaft und Unterricht 62 (2011), S. 557–572.

573. HOLLY, Werner/PÜSCHEL, Ulrich (1993): Sprache und Fernsehen in der Bundesrepublik Deutschland. In: Henne, Helmut/Biere, Bernd Ulrich (Hrsg.): Sprache in den Medien nach 1945. Tübingen: Niemeyer, S. 128–157. (= Reihe Germanistische Linguistik; 135)

574. HUSSLEIN, Uwe (1995): Free Press. Von der Undergroundzeitung zum Stadtmagazin. In: Polster, Bernd (Hrsg.): Westwind: Die Amerikanisierung Europas. Köln: DuMont, S. 156–163.

575. JOURDAIN, Céline (2008): Hotcha! Publizieren im Untergrund. In: Linke, Angelika/Scharloth, Joachim (Hrsg.): Der Zürcher Sommer 1968. Zwischen Krawall, Utopie und Bürgersinn. Zürich: NZZ Libro, S. 137–146.

576. KRAUSHAAR, Wolfgang (2001a): 1968 und die Massenmedien. In: Archiv für Sozialgeschichte 41(2001), S. 317–347.

577. LACHENMEIER, Dominik (2007): Die Achtundsechziger-Bewegung zwischen etablierter und alternativer Öffentlichkeit. In: Klimke, Martin/ Scharloth, Joachim (Hrsg.): 1968. Handbuch zur Kultur- und Mediengeschichte der Studentenbewegung. Stuttgart: Metzler, S. 61–72.

578. RABEHL, Bernd (1998): Medien. In: Landgrebe, Christiane/Plath, Jörg (Hrsg.): '68 und die Folgen. Ein unvollständiges Lexikon. Berlin: Argon, S. 69–74.

579. REICHARDT, Sven (2007): Inszenierung und Authentizität. Zirkulation visueller Vorstellungen über den Typus des linksalternativen Körpers, in: Knoch, Habbo (Hrsg.): Bürgersinn mit Weltgefühl. Politische Moral und solidarischer Protest in den sechziger und siebziger Jahren. Göttingen: Wallstein, S. 225–250.

580. SCHNOZ, Monika (2012): Die Wandzeitungen des Sechstagerennens. Zur kommunikativen Funktion eines alternativen Mediums. In: Kämper, Heidrun/Scharloth, Joachim/Wengeler, Martin (Hrsg.): „1968". Eine sprachwissenschaftliche Zwischenbilanz. Berlin/Boston: de Gruyter, S. 245–255. (= Sprache und Wissen 6)

581. SCHWITALLA, Johannes (1993): Textsortenwandel in den Medien nach 1945 in der Bundesrepublik Deutschland. Ein Überblick. In: Biere,

Bernd Ulrich/Henne, Helmut (Hrsg.): Sprache in den Medien nach 1945. Tübingen: Niemeyer, S. 1–29. (= Reihe Germanistische Linguistik; 135)

582. SÖSEMANN, Bernd (1999): Die 68er Bewegung und die Massenmedien. In: Wilke, Jürgen (Hrsg.): Mediengeschichte der Bundesrepublik Deutschland. Köln: Böhlau, S. 672–697.

583. STEINSEIFER, Martin (2012): Die RAF als Medienereignis – visuelle und sprachliche Inszenierungen. In: Kämper, Heidrun/Scharloth, Joachim/Wengeler, Martin (Hrsg.): „1968". Eine sprachwissenschaftliche Zwischenbilanz. Berlin/New York: de Gruyter, S. 375–397. (= Sprache und Wissen 6)

584. STEINSEIFER, Martin (2011): ,Terrorismus' zwischen Ereignis und Diskurs. Zur Pragmatik von Text-Bild-Zusammenstellungen in Printmedien der siebziger Jahre. Berlin/Boston: de Gruyter.

585. STEINSEIFER, Martin (2007): Zwischen Bombenterror und Baader-Story. Terrorismus als Medienereignis. In: Klimke, Martin/Scharloth, Joachim (Hrsg.): 1968. Handbuch zur Kultur- und Mediengeschichte der Studentenbewegung. Stuttgart: Metzler, S. 289–301.

586. WENGELER, Martin (2012): „Der Angriff auf das Bestehende". Zur Erinnerungskultur an „1968" in deutschen Printmedien am Beispiel des Spiegel. In: Kämper, Heidrun/Scharloth, Joachim/Wengeler, Martin (Hrsg.): „1968". Eine sprachwissenschaftliche Zwischenbilanz. Berlin/New York: de Gruyter, S. 55–81. (= Sprache und Wissen 6)

587. VERHEYEN, Nina (2006): Fernsehschule der Vernunft? Der ,Internationale Frühschoppen' (1952–1987) in emotionsgeschichtlicher Perspektive. In: Bösch, Frank/Borutta, Manuel (Hrsg.): Die Massen bewegen. Medien und Emotionen in der Moderne. Frankfurt/M./New York: Campus, S. 264–283.

588. VOGEL, Meike (2005): Außerparlamentarisch oder antiparlamentarisch? Mediale Deutungen und Benennungskämpfe um die APO. In: Frevert, Ute/Haupt, Heinz-Gerhard (Hrsg.): Neue Politikgeschichte. Perspektiven einer historischen Politikforschung. Frankfurt/M./New York: Campus, S. 140–165.

589. VOGEL, Meike (2010): Unruhe im Fernsehen. Protestbewegung und öffentlich-rechtliche Berichterstattung in den 1960er Jahren. Göttingen: Wallstein.

590. ZAUGG, Peter (2012): Die Zürcher Untergrundzeitschrift „Hotcha!" – Subkultureller Stil im multimodalen Kontext. In: Kämper, Heidrun/Scharloth, Joachim/Wengeler, Martin (Hrsg.): „1968". Eine sprachwissenschaftliche Zwischenbilanz. Berlin/New York: de Gruyter, S. 135–161. (= Sprache und Wissen 6)

591. WODAK, Ruth (1989): 1968: The power of political jargon: a „Club-2" discussion. In: Wodak, Ruth (Hrsg.): Language, Power and Ideology. Amsterdam: Benjamins, S. 137–165.